認知症イノベーション

～一人ひとりの〝パラダイス〟を創造するケアメソッド～

豊泉家ヘルスケアグループ
社会福祉法人 福祥福祉会
理事長
阿久根賢一 著

AKUNE Kenichi

Dementia Innovation

プレジデント社

はじめに

厚生労働省の発表によると、日本の認知症患者数は2012年時点で約462万人、65歳以上の約7人に1人と推計されています。そして、2025年には約700万人に達し、65歳以上の約5人に1人を占める見込みといわれています。認知症は今や誰がなってもおかしくないコモンディジーズ（日常病）となっているのです。

一方、医学の進歩とともに認知症に関する研究は着々と進んでおり、認知症のメカニズムの解明をはじめ、認知症に関わる遺伝子や予防法、治療薬の研究・開発など、さまざまな取り組みが行われています。この薬を飲めば認知症が予防できる、この薬を飲めば認知症が治るという時代がいつかは来ることでしょう。

また、現時点ではまだ夢物語ですが、AI（人工知能）などを活用したデジタルトランスフォーメーションにより、例えば人の脳の代替機能を担う装置などが開発され、認知症を有しても自立して生活できるようになるかもしれません。

予防・治療薬の登場、あるいはデジタル技術による変革がなされれば、認知症ケアは不要になりますし、その日が一日も早く来てほしいと願っています。

しかし、それまでの間にも、認知症を有する人は増え続けるでしょう。認知症を有するということは、その人自身のＱＯＬ（生活の質）を急激に低下させてしまうリスクとともに、その人を取り巻く家族の生活までも一変させてしまうリスクがあります。そして、なによりも認知症を有するということは、これまで築き上げてきた人生やその人の尊厳をいとも簡単に失ってしまうリスクを伴うということを忘れてはなりません。

もちろん、そうならないためにも老人ホームなど介護の現場では介護スタッフが認知症を有する入居者と日々向き合いながらＱＯＬや尊厳を守り、「その人らしさ」を失わないよう真摯にケアに取り組んでいます。

そんな中、一生懸命ケアをしてもうまくいかず、介護スタッフも入居者もお互いにストレスを抱え、疲弊していく姿も目にします。

そこで、今すでに認知症を発症し、尊厳を失いかけていたり、「あなたらしさ」

を追求してくれる介護スタッフの思いやりに違和感のある方、また一生懸命ケアをしても成果につながらず疲れ果てている介護スタッフや認知症の方を介護している家族がその状況から解放されるために、この本が少しでも役に立てたなら私たちにとって最高の幸せです。

目次

第二章 事例で見る「ロジカルケア（事実受容支援）」

第五章 認知症ケアは、もっと楽しく幸せになる!

プロローグ

「認知症パラダイス」の創造に向けて

介護現場での研究・実践16年の結論～「認知症パラダイス」とは？

認知症を有する入居者が夜中に居室から出てきてソファで寝始めたら――。

あなたが高齢者施設の介護スタッフなら、どのような対応をしますか？

おそらくほぼすべての人が「ソファで眠ると風邪を引きますよ」「こんなところで寝ないでベッドに戻りましょう」などと入居者に声をかけ、居室へ誘導すると答えるでしょう。また、大多数の高齢者施設がそのような対応をするよう指導していると思います。

私たち社会福祉法人 福祥福祉会が運営する老人ホーム「豊泉家《ほうせんか》」でも以前はそうしてきました。介護スタッフがベッドに寝かせても、しばらくすると入居者はまた居室から出てきてソファで寝ようとし、スタッフがふたたび居室へ誘導する……。そんなことを一晩中繰り返すこともしばしばありました。

しかし、今は違います。

夜中に居室から出てきてソファで寝始める入居者に対して、スタッフはその人が清潔な状態で眠れるようにソファを清掃・除菌し、快適に眠れるように暖かい毛布をかけます。それがソファではなく、たとえ床であったとしても同じことをします。そして、スタッフが見守る中、入居者は安らかな寝息を立てるのです。

こんなことを言うと、「何をバカなことを言っているのか」「そんなところに寝かせて体調がおかしくなったらどうするんだ」「そんなのはスタッフの怠慢でしかない」など、厳しい批判を受けるであろうことは十分承知しています。

しかし、これこそが介護現場での16年間にわたる研究・実践から導き出した、入居者が本当に求める認知症ケアのメソッドだと私は確信しています。

そして、これらのメソッドを用いることにより、「認知症を有する人にとってのパラダイス」、すなわち「認知症パラダイス」を創造したいと考えているのです。

認知症を有する人が決して否定されず、今のありのままを受け入れられ、人間としての尊厳を守られ、安心して暮らせる場所、認知症を有する人も介護スタッフも幸せでいられる場所、そして自分や家族が認知症になったら生活したいと心から思える場所——、それが私たちが創造したい「認知症パラダイス」です。

否定とストレスが認知症を有する人を苦しめる

認知症を有する人にとってのパラダイスをつくりたい——。

私がそう考えたきっかけの一つが、現在、豊泉家に入居している小林芳江（仮名）さんです。

当初、小林さんはホームへの入居ではなく、ショートステイ（短期入所生活介護）の利用で豊泉家に来ました。ショートステイの利用者が生活するフロアには、小林さんのように認知症を有している人もいますが、そうでない人が圧倒的多数を占めます。そうした環境で過ごすうちに、小林さんはどんどん元気がなくなっていきました。スタッフと話すときは笑顔で快活なのですが、利用者の間に入るとしょんぼりして元気がなくなるのです。

不思議に思ってよくよく観察してみると、認知症により的外れな言動をとってしまう小林さんは、認知症を有しない入居者から心ない言葉を投げかけられたり、子ども扱いされたりしていることがわかりました。

周囲の人たちから自分の言動をことごとく否定されることが、小林さんの元気を奪っていたのです。人は自分が思っていることと異なる状況にストレスを感じます。ましてやそれが他者から強要されるとなればなおさらでしょう。もちろん、そうした場面を見るたびにスタッフが間に入って止めていましたが、利用者と一緒に過ごす中で小林さんの笑顔を見ることはほとんどありませんでした。


しかしその後、豊泉家のホームに入居し、自分と同じように認知症を有する人が生活するフロアで暮らし始めると、小林さんは見違えるほど明るく元気になりました。しかも、他の入居者のお世話までしてくれるようになったのです。

自分の言動を否定されない自由で開放的な環境に移ったことで、本来の元気を取り戻し、さらに誰かの役に立とうとする前向きな気持ちまで湧いてきた——。この変化を目の当たりにしたとき、私はつらい思いをさせてしまった小林さんに申し訳なく思うと同時に、否定によるストレスが認知症を有する人をどれだけ苦しめているかを実感しました。

これは介護スタッフにも言えることです。

認知症を有している人は、症状が進行するにつれ、これまで培ったライフスタイルの記憶が薄らいでいきます。

もちろん、「ソファで寝ないでベッドに戻りましょう」と言うことで、これまでのライフスタイルを思い出してもらえる人もいます。しかし、症状が進行してこれまでのライフスタイルをすっかり忘れ、自分独自の文化の中で生きている人もいるのです。そうした人にまで「ソファで寝ないでベッドに戻りましょう」とこれまでのライフスタイルを当てはめ続けるのは、その人を否定することに他なりません。そして、自分を否定され続けた入居者は混乱し、強いストレスを感じ、生きる気力さえも失っていきます。

介護スタッフがよかれと思って行っている支援が、実は入居者の生きる気力を奪っているとしたらとても悲しいことです。

最期の瞬間まで「生きるための本能」を支援すること……

認知症を有する人が、これまで培ったライフスタイルをすっかり忘れたとしても、最後の最後まで残っているものがあります。

それは、人間としての「生きるための本能」です。

これまでのライフスタイルや出来事などの記憶を次第に失っていく、これまでできていたことが次第にできなくなっていく、その恐怖は私たちには計り知れないものがあります。それでも生きるために懸命に今の自分が見ている世界の中で奮闘しているのです。そうした人たちと長年向き合って実感するのは、人間はすごい、強い、そして尊いということです。

生きるために食べる、生きるために排せつする、生きるために寝る……。

お箸を持つことを忘れても、食事を食べたことを忘れても、生きるために食べるという本能は決して忘れていません。

トイレの場所がわからなくなっても、トイレで排せつすることを忘れても、生きるために排せつするという本能は決して忘れていません。

そして、こうした「生きるための本能」がついに尽きたとき、人は天に召されるのでしょう。

認知症ケアの根幹は、この「生きるための本能」を肯定し引き出していくことにあると私は考えています。

ぐっすり眠ることができるのなら、ソファや床で寝てもらいましょう。そのために、私たち介護スタッフはソファや床を清掃・除菌し、入居者が寒くないように毛布をかけるなどの支援を行います。

手づかみで食べたいのなら、手づかみで食べてもらいましょう。そのために、私たち介護スタッフは入居者の手をきれいに洗い、やけどをしないよう料理を少し冷まして提供するなどの支援を行います。

穏やかに徘徊しているのなら、好きなだけ歩いてもらいましょう。そのために、私たち介護スタッフは食事の量などを見直し、入居者が元気に歩けるよう支援を行います。

認知症を有していない私たちの文化を押しつけず、認知症を有する人の今現在の文化を認めて受け入れる。命に関わることや周囲の人に多大な迷惑をかけること以外は、その人の「生きるための本能」をすべて肯定し、最期の瞬間まで支援する――。

それこそが、認知症ケアの根幹であると思うのです。

第一章

「認知症ケア」大転換！

認知症ケアにありがちな「ストレスの連鎖」を解消する

認知症ケアの現場では、介護スタッフをはじめとするさまざまな職種の人たちが、入居者や利用者のQOLや尊厳を守るために、日々一人ひとりと真摯に向き合い、一生懸命支援を行っています。

私自身も以前はソーシャルワーカーとして現場の第一線で働き、現在は福祥福祉会の理事長という立場から現場を見ていますが、認知症を有する入居者と懸命に向き合うスタッフたちの姿には頭が下がる思いがします。

しかし、以前の豊泉家では一生懸命支援しているにもかかわらず、入居者の不穏がひどくなっていく、元気がなくなっていく、食事量が落ちていく、昼夜逆転してしまうなど、スタッフの努力を無に帰すような結果になることもしばしばみられました。熱意と使命感に燃えて取り組んできたスタッフたちが疲労感や虚しさに襲われ、次第に疲弊していく姿を目にすることもありました。

一生懸命やっているのに、入居者の状態は一向によくならず、かえって悪化してしまう……。これは、以前の豊泉家だけでなく、全国の高齢者施設の認知症ケアの現場が抱えているジレンマではないでしょうか。

そして、その原因の多くは、介護スタッフの声かけや支援の仕方にあると私は考えています。こんなことを言うと介護スタッフの方々からお叱りを受けるかもしれません。しかし、ちょっと立ち止まって考えていただきたいのです。


例えば、以前の豊泉家ではこんな光景が見られました。

スタッフが「おはようございます。よく眠れましたか？」などと入居者に声かけをして起床を促すとき、「よく眠れましたか？」と聞きながらその答えも待たずにカーテンを開けるなど次の手順に移っているのです。

また、カーテンを開ける前から「今日はいい天気ですね」と声をかけていたり、「今日は何を着ましょうか？」と尋ねながらいちばん上に置いてある衣服をすでに取り上げていたりといったこともありました。

言っていることと、実際の行動が一致していないのです。

なぜこのような言行不一致が起こるのかというと、個別化と言いながらも入居者の一つひとつの行動ではなく、生活の一場面ごとがフレーム化されており、日課という流れに沿ってケアが提供される仕組みになっているからです。つまり、起床時には「おはようございます。よく眠れましたか？」などと声をかけ、カーテンを開けて起床を促すといったセオリーがあり、その通りにやっているのだから自分はちゃんと介護ができているはずだと思い込んでいるのです。

頭でわかっていることと実際の介護の現場で行っていることにミスマッチが起こっているにもかかわらず、そのことに介護スタッフ自身が気づいていない――。こうした現象は、自分のやってきた道を信じ、これが最善だという思いが強い介護スタッフのような専門職が陥りやすい罠だと思います。

同様に、私たち介護スタッフは、入居者の意向を傾聴しているふうにしながら、実は入居者にとってもらいたい行動をすでに決めてはいないでしょうか。

「その人らしさを失わないように」と言いながら、自分たちが考える「その人らしさ」を押しつけてはいないでしょうか。

「その人を肯定することが大切」と語りながら、否定するような言動をとってはいないでしょうか。

こうした介護スタッフの言行不一致は、認知症を有する人に混乱とストレスを与えます。そして、そのストレスが不穏や食欲減退、昼夜逆転などにつながっていくのです。一方、一生懸命やっても成果が出ないことに介護スタッフもストレスを感じ疲弊していきます。

入居者も介護スタッフも〝不幸せな介護〟を解消するためには、この認知症ケアにありがちなストレスの連鎖を断ち切ることが重要なのです。

「こうあるべき」。これが不幸な介護を生む……

「ご飯を食べてもらわなければならない」

「お風呂に入ってもらわなければならない」

「ご飯を食べるときはお箸を使ってもらわなければならない」

「徘徊は止めなければならない」……。

「こうあるべき」という介護スタッフの固定概念も、不幸せな認知症ケアを生む要因の一つです。


例えば、私自身もソーシャルワーカーとして現場に携わっていたときにこんな経験があります。

ある日、私は認知症を有する4名の高齢者を車で病院に連れていきました。受診が終わったので、まずは二人を車へ誘導し、「座って待っていてくださいね」と声をかけ、残る二人を迎えにいきました。

時計を見ると、12時少し前です。「このまま施設に帰れば、昼食の時間にギリギリ間に合うな」と思いながら残る二人を車へと誘導しました。

しかし、後方で二人の介助をしている間に、車の中にいるはずの坂田健(仮名)さんがいなくなっていたのです。周囲を見渡すと、坂田さんは少し先にある大きな交差点を渡ろうとしているではありませんか。

私は全速力で走って追いつくと、坂田さんの手をグッとつかみました。そして、思わず「どこに行っているんですか!」と声を荒げそうになったのです。

その瞬間、「何をそんなにイライラしているんだ?」という声が自分の中で聞こえました。

よくよく考えれば、私が勝手に昼食の時間に間に合わせたいと思っただけです。自分で勝手に時間的な制限を設けたから、坂田さんがいなくなったことに強い苛立ちを覚えたのです。すべては自分の「こうあるべき」が原因だということがわかったとき、肩の力がふっと抜けてこう思いました。

「別に間に合わなくてもいいじゃないか」――。

そう思えたとき、心がものすごく楽になるのを感じました。そして、私は坂田さんに「帰りましょうか」といつも通りの口調で声をかけ、一緒に車へと戻ったのでした。

その出来事があってから、私は認知症を有する人の支援をする際は時間的な制限を設けないことに決めました。

もちろん目標とする時間は設定し、それを目指してはやります。しかし、どうしても無理なときは「間に合わなくてもいいじゃないか」という考えに切り替えるのです。「こうあるべき」を捨てて考え方を切り替えるようになってから、私自身の認知症ケアのあり方は大きく変わりました。

「こうあるべき」という固定概念に縛られると、そうできなかったときに苛立ちが募り、自分自身を追い詰めていきます。そして、介護スタッフの苛立ちやストレスは、そのまま入居者のストレスやQOLの低下につながります。

これは在宅介護でも同様です。

真面目に熱心に介護をしている家族ほど「こうあるべき」という固定概念が強く、

「なんでできないの！」「どうしてこういうことをするの！」などと介護を受けている人を否定する言動をとりがちです。

そうすると介護を受けている側は恐縮したり、あるいは憤怒したりして、さらにお互いの気持ちが噛み合わなくなるという悪循環に陥ってしまいます。

認知症ケアでは、「こうあるべき」をどれだけ取り除くことができるかが重要だと思います。「そうできなくても別にいい」と肩の力を抜いて支援にあたることで、認知症を有する人にもっと優しくなれるし、相手を肯定することができます。そうすれば、相手の表情も穏やかになり、支援がスムーズに進んでいくでしょう。

知らず知らずのうちに「矯正」「強制」になってはいないか？

「障がいのある人もない人も共に生きる社会」という理念が、広く共有されるようになってきました。

私たち介護スタッフにとっても、すべての人が病気や障がいなどの有無によって分け隔てられることなく、人格や個性を尊重し支え合い、共に生きる「共生社会」

を実現することは一つの願いでしょう。

しかし、「共生」を目指しながら、実際には入居者に対して正常な状態に変え正す「矯正」が行われていたり、時には有無をいわさず押しつける「強制」を用いていたりというのが、従来のありがちな認知症ケアだったと思います。

それは、障がい者福祉の分野でも議論となる「異化と同化」にも通ずるものがあります。私たちの社会には、マジョリティ(健常者)こそが正しいという考えが根強くあります。そのため、マイノリティ(障がい者)は健常者との同化を期待されることが多く、矯正・強制される傾向がみられ、それがマイノリティの生きづらさを生む要因の一つにもなっています。そして、その先はマジョリティとの同化という期待に従えなかったマイノリティの排除へとつながっていくのです。

同様に、認知症ケアの現場においても、マジョリティである健常者が正しく、マイノリティである認知症を有する人は健常者との同化を期待され、矯正・強制されてきたのではないでしょうか。もちろん、一つのコミュニティを形成する上で同化が必要な場合もありますが、特に認知症ケアの現場ではこの使い分けが極めて重要となります。

例えば、認知症によって箸を持つことを忘れ、手づかみで食べようとしている入居者に、スタッフが「お箸で食べましょうね」と優しさと善意に満ちた声をかけながらお箸を持たせる――。多くの高齢者施設で目にする光景でしょう。

確かに、スタッフが声をかけることにより、入居者が箸を持って食べることを思い出してくれたなら、それは支援として成立しています。

しかし、思い出せない人に対して何度も箸やスプーンを持たせようとするのはもはや支援ではなく矯正であり、さらにその先の強制になっていきます。そして、それでも箸やスプーンを持てない人には食事介助をすることになっていくのです。

入居者にとって、手で食べたいのにそれを否定され、訳のわからないものを繰り返し持たせられるのは苦痛であり、拷問でしょう。これは、入居者にも介護スタッフにもストレスがかかり、誰も幸せにならない支援のあり方です。

私たちは、健常者である自分たちのライフスタイルがすべてだと思っているところがあります。そのため、認知症ケアの現場においても「その人らしさを尊重して」と言いながら、結局は自分たちのライフスタイルに当てはめていこうとしがちです。

そこには、「箸やスプーンで食べるのが人間らしい暮らしであり、認知症を有していても人間らしい暮らしを維持することが入居者のためである」という意識が存在しています。

これは、まさに私たち健常者の常識や当たり前といわれていることに、認知症を有する人たちを同化させようとしていることに他なりません。それは、人間が持つ無意識の偏見（アンコンシャス・バイアス）によるもので、自分自身では気がつかない中で物事を判断している代表的な現象と考えることができます。そして、それが認知症を有する人を苦しめていることにつながっており、残念ながら介護スタッフはそのことにまったく気づいていないことが多いのです。

まず介護スタッフがこの事実に気づくこと。

● **目指すべきは、共生から共正・共成につながる認知症ケア**

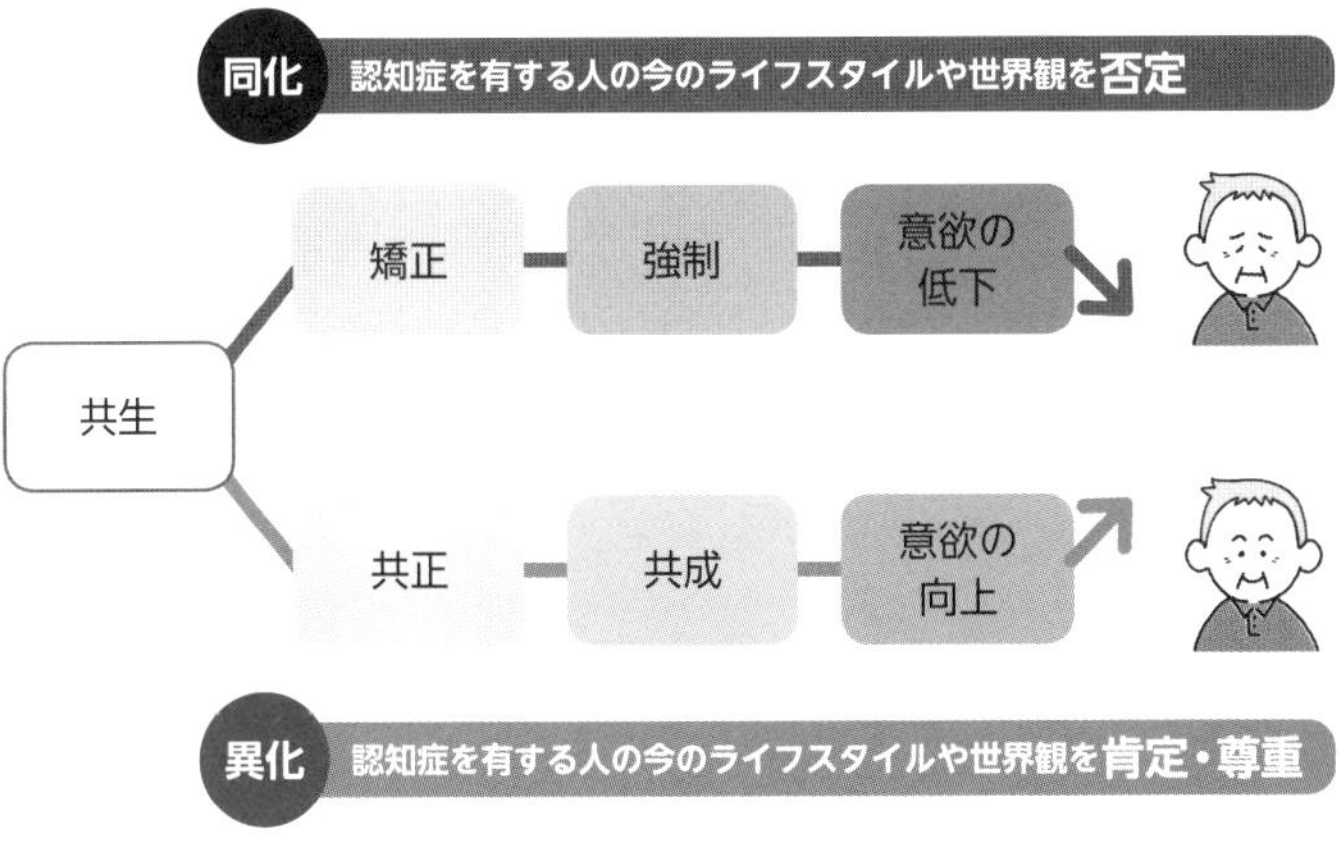

そして、自分たちと認知症を有する人は違うのだということを認めた上で、その人の今のライフスタイルをどうしたら肯定・尊重できるかを考えていくこと。それが、共生を目指しながら矯正や強制へと進む、不幸せな認知症ケアを解消する方法だと私は考えています。その上で、私たち介護スタッフは、認知症を有する人と共に生きる(共生)だけでなく、お互いの違いを認め合って共に正しく(共正)、共に成長(共成)することを目指していくべきなのではないでしょうか。

入居者同士の共生のために、介護スタッフが果たすべき役割

これは、私が豊泉家のケアハウスで施設長をしていたときの出来事です。

ケアハウスでは、認知症を有しない人と認知症を有する人が一緒に生活しています。そのため、認知症を有する人が間違えて他の人の居室に入ってトラブルになることがよくあり、そのことで介護スタッフが私のところに相談にやってきました。認知症を有しない一部の入居者が「あの人、いくら言ってもわからないから、どかにやってよ」などと認知症を有する人を物のように言うことがあり、どうしたらよいか対応に困っているということでした。

認知症を有する人とその家族に事情を説明して、別のフロアに移動してもらうこともできないことはありませんし、もしかしたらそれがいちばん簡単な解決方法かもしれません。しかし、認知症を有していない人が有している人を嫌だと言うから、認知症を有する人を移動させるというのはまさに排除の理論でしょう。

しかも認知症はいつ誰がなってもおかしくない病気です。つまり、現在認知症を有する人を嫌っている人たちも認知症を発症する可能性があるということです。そして、もし自分が認知症になったら今回と同じように排除されるかもしれないと思ったら、安心して豊泉家で暮らせないのではないでしょうか。そうではなく、豊泉家では認知症を有したとしてもちゃんと守ってくれるということを、入居者にしっかり伝えることが大事だと私は考えました。

そこで、介護スタッフに認知症を有する人を嫌っている方ともう一度じっくり向き合ってもらい、「困ったことや嫌なことはできる限りないようにしますから、お互いさまという気持ちで温かく迎えてあげていただけませんか」という話をしました。そうしたところ、その方もようやく納得してくれ、以降は認知症を有する人が間違えて居室に入ってきても、「あなたの部屋はあっちよ」と教えてくれるようになったのです。排除ではなく、共生へとつながった一例といえるでしょう。

入居者の中には、認知症を有する人を受け入れられる人と、受け入れられない人がいて、時にはそれが認知症を有する人を排除する方向に向かうこともあります。入居者間においても「矯正」「強制」「排除」へと進むことなく、「共生」「共正」「共成」へとつなげていくためには、まず介護スタッフ自身が真の共生とは何かを今一度考え、それを自らの言動で入居者に伝えていくことが重要なのです。

「真の尊厳を守る」。入居者はそれこそを求めている……

もう一つ、考えてみてほしいことがあります。

私たち介護スタッフは、入居者の人としての尊厳を守る大切さを耳にタコができるぐらい聞いていますし、自身でもしばしば口にするでしょう。

では、認知症ケアにおいて、入居者の人としての尊厳を守るとはどのようなことでしょう。

先ほどの例のように、きちんとお箸を持って食べるようにすることでしょうか。

ちゃんとトイレで排せつするようにすることでしょうか。

床やソファではなく、ベッドで眠るようにすることでしょうか。

常に清潔な洋服を着ているようにすることでしょうか……。
もちろん、それらも認知症を有する人の尊厳を守ることの一つではあるかもしれません。しかし、長きにわたって認知症ケアに取り組んできて思うのは、そうしたことはいわば上辺やきれいごとにすぎないということです。

認知症が進行して「ある一線」を越えたとき、つまり入居者がこれまでのライフスタイルを忘れて自分独自の文化の中で生き始めたとき、私たち介護スタッフはそうした上辺やきれいごとの尊厳ではなく、もっと深層にある真の尊厳に目を向ける必要があるのではないでしょうか。

人としての真の尊厳とは、「食べようとする本能」「排せつしようとする本能」「歩こうとする本能」「寝ようとする本能」……、つまり一人の生命体としての「生きるための本能」だと思います。そして、私には、そうした「生きるための本能」を支援することこそが、究極の尊厳を守ることのような気がしてならないのです。

箸を持てなくなったら、食事を口に運ぶのではなく、手づかみでも自分で食べてもらう。

自分で寝ようとするのであれば、そこがベッドでなくても寝てもらう。

目的がなくても、自分で歩こうとするのであれば歩いてもらう……。

上辺やきれいごとではなく、そうした生々しさこそが自分が自分であるということであり、人の究極の尊厳を支援するということだと私は思います。

もしかしたら、「それでは動物と一緒ではないか」という反論があるかもしれません。

しかし、それは違います。地球上には裸足で暮らしている民族もおり、そうした人たちは私たちとは異なる文化やライフスタイルを持っているにすぎません。その時代や民族などによって、文化やライフスタイルが異なるのは当たり前でしょう。

それと同じく、認知症を有する人も、私たちとは異なる文化やライフスタイルを持っているのです。認知症を発症する前のその人に戻そうとするのではなく、今現在のその人をいかに肯定していくか、そしてその人の「生きるための本能」をいかに支援していくか。認知症を有する人が本当に望んでいるのは、そのような認知症ケアなのではないでしょうか。

「矯正」「強制」ではなく、「共正」「共成」へ進むために。上辺の尊厳ではなく、真の尊厳を守るために——。今こそ、認知症ケアの大転換を図るときです。

二つの新メソッド誕生〜これが認知症ケアを改革する！

認知症ケアの大転換を図るために、私たちが16年間にわたる研究・実践によって確立した二つのメソッドがあります。

それが、「ロジカルケア（事実受容支援）」と「ラテラルケア（現実肯定支援）」です。

ご存じのように、ロジカル（Logical）は「理論的、道理にかなっているさま」などの意味を持ち、一方のラテラル（Lateral）は「横からの、側方の、水平の」などと訳されます。

ビジネスに役立つ思考法の一つとして、「ロジカルシンキング」と「ラテラルシンキング」という言葉を聞いたことのある方も多いでしょう。

ロジカルシンキングは、「垂直思考」とも呼ばれるように、論理を積み重ねて考えを深めていく手法です。一方、ラテラルシンキングは、「水平思考」とも呼ばれ、常識や固定概念にとらわれず、さまざまな角度から物事を考えていく手法です。

では、ロジカルケア（事実受容支援）とラテラルケア（現実肯定支援）について、まずはその概念を簡単に紹介したいと思います。

ロジカルケア（事実受容支援）とは、認知症により今現在の状況がわからなくなって混乱している入居者に対し、介護スタッフが「事実」を伝え、入居者自らが「事実」を受け入れることができるよう支援するものです。

私たちは、ロジカルケア（事実受容支援）を「時系列（垂直思考支援）」とも定義しています。私たち人間には過去・現在・未来という時間の流れを理解する能力、言ってみれば垂直思考的に今現在の「事実」を理解する能力があります。しかし、認知症を有する人は、時にこの時間の流れがわからなくなったり、今現在の「事実」が理解できなくなったりすることがあります。

そうした入居者の垂直思考を支援し、入居者自らが今現在の「事実」を受け入れることができるようサポートするのがロジカルケア（事実受容支援）です。

一方、ラテラルケア（現実肯定支援）は、本人が理解している世界を「現実」として捉えており、今現在の事実を理解できない入居者に対して行います。介護スタッフは入居者が理解している「現実」を否定するのではなく、スタッフ側がその「現実」にチャンネルを合わせ、その人の「現実」を肯定しながら支援をします。

そのため、ラテラルケア（現実肯定支援）は「非時系列（水平思考支援）」とも定義できます。例えば、「現在85歳で豊泉家に入居中」というのがその人の今現在の事実だとしましょう。しかし、その人にとっての「現実」は、あるときは12歳の少年時代であったり、あるときは30歳の会社員時代であったり、またあるときは56歳の役員時代であったりと水平思考的な広がりを持っています。

そして、私たち介護スタッフは、今その人がどういう「現実」に生きているのかをその場その場で察知し、その人の「現実」とチャンネルを合わせながら支援していくわけです。

わかりやすく言えば、「事実」を伝えて受け止められる人に対しては、ロジカルケア（事実受容支援）によってその人の理解を支援し、これまでその人が培ってきた文化やライフスタイルの中で穏やかに生活できるようサポートしていこう。しかし、「事実」を伝えてもわからない人に対しては、ラテラルケア（現実肯定支援）によってその人の「現実」に私たちスタッフが入り込んでいき、その「現実」の中で穏やかに生活できるよう支援していこう――ということです。

順番としては、まず「事実」の理解を促すロジカルケア（事実受容支援）をさまざまな方法で行いながら、その人の理解度や受容度を観察します。そして、「事実」の

● 二つの新メソッドの概念図

ロジカルケア（事実受容支援）

今現在の状況がわからなくなって混乱している人に対し、
介護スタッフが「事実」を伝え、
本人が「事実」を受け入れることができるよう支援する。

ラテラルケア（現実肯定支援）

介護スタッフは、今その人がどういう「現実」に生きているのかを
その場その場で察知し、
その人の「現実」とチャンネルを合わせながら支援する。

受け入れができなかったり、混乱がみられたりするようであれば、その人の「現実」を肯定するラテラルケア（現実肯定支援）に切り替え、可能な限りストレスのかからない環境を実現すると同時に、その人の「生きるための本能」を最期まで支援する。それが、二つの新メソッドが叶える新しい認知症ケアのかたちです。

認知症ケアは決して一括りで見てはいけない！

ご存じのように、認知症は病名ではなく、認知機能の障がいによって生じる症状・状態の総称です。代表的なのはアルツハイマー型認知症ですが、他にも脳血管性認知症、レビー小体型認知症、前頭側頭型認知症（ピック病）などさまざまな種類があります。そして、それぞれの病名ごとに代表的な中核症状や周辺症状があるため、認知症ケアを考える上で医学的な診断が参考となるのは間違いありません。

しかし、実際にはそれぞれの病気の代表的な症状が出現することもあれば、そうでないこともあります。また、アルツハイマー型認知症とピック病、アルツハイマー型認知症と脳血管性認知症の混合型といったケースもみられます。

そして、認知症を有する人の言動（周辺症状）は、それら「病気がもたらす症状」に、「パーソナルな思考や培ってきた文化、生活歴」が掛け合わさり、さらに「その人の身体機能」が加わって出現します。

そのため、年齢や性別、出身地、病名がまったく同じであったとしても、出現する周辺症状やその人が見えている現実は十人十色です。誰一人として同じ周辺症状の人はいませんし、同じ徘徊に見えてもその意味は一人ひとり違います。それほど認知症を有する人の周辺症状は複雑かつパーソナルなものであり、だからこそ認知症ケアは決して一括りで見てはいけないのです。

今回私たちが確立したメソッドは、まさに

● 認知症を有する人の周辺症状の表れ方

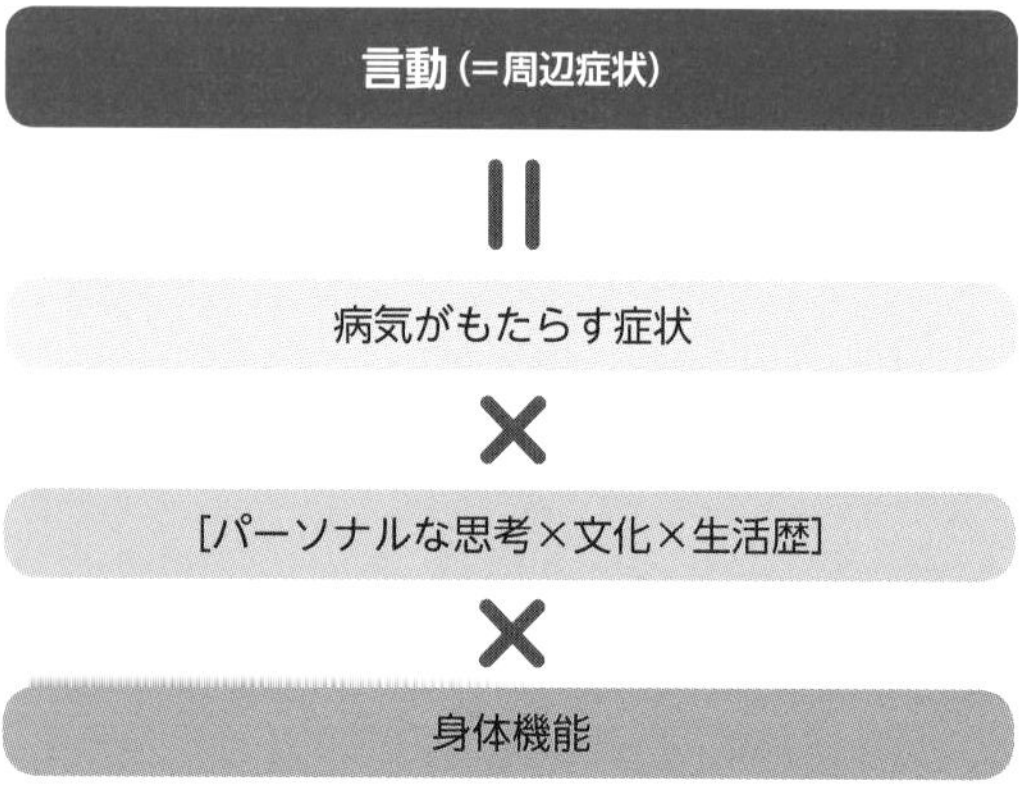

この周辺症状にアプローチするものです。例えば、リアリティ・オリエンテーション（現実見当識訓練）や音楽療法、回想法などは、どちらかといえば認知症の中核症状そのものにアプローチしますが、私たちがロジカルケア（事実受容支援）とラテラルケア（現実肯定支援）という二つの新メソッドで目指したのは周辺症状への有効性でした。

私たちは、すでに先行研究としてある、認知症を有する人の経験や感情に寄り添って共感の上に信頼関係を構築するバリデーションや、言葉や目線、身振り、触れ合うことを通して不安などを緩和させるユマニチュードという認知症の人とのコミュニケーション技法、さらに介護保険制度施行前からあるパーソン・センタード・ケアなども参考にはしながらも、現場での実践を通して認知症を有する人の「真のその人らしさ」とは何かを独自に追求するとともに、QOLをより高め円滑に生活が送れるよう、それを阻害する複雑かつパーソナルな周辺症状に焦点をあてたわけです。

徹底的なアセスメントから、その人に適したメソッドを見極める

前述のように、認知症を有する人の周辺症状は複雑かつパーソナルなものです。

そのため、この二つの新メソッドを認知症ケアの現場に導入する場合は、徹底したアセスメントが必要となります。

こうしたことから、豊泉家ではオリジナルのアセスメントシートを1年がかりで開発し、それを使ってアセスメントを行っています。

アセスメントでは、これまでの病歴や認知症を発症した時期、身体および認知機能面での問題に加え、話を理解できているか、視覚で理解できているか、聴覚で理解できているか、自分の姿が理解できているか（自己鏡像認知）など、その人の理解度について判断し、その上で「ロジカルケア（事実受容支援）」でいくか、「ラテラルケア（現実肯定支援）」でいくか、それとも両方を用いるのかを検討・決定していきます。つまり、「事実」を伝えて受け入れられる人か、「事実」を伝えても受け入れられない人か、あるいは一日の中でも「事実」を受け入れられたり、受け入れられなかったりという波がある人かなどを見極め、支援方法を決めていくわけです。

この見極めは非常に難しく、例えば私たちは「豊泉家における認知症の進行段階（7段階）」を策定していますが、何段階目までは「ロジカルケア（事実受容支援）」で、それよりも認知症が進行している場合は「ラテラルケア（現実肯定支援）」などと単純

● 豊泉家における認知症の進行段階(7段階)

段階	状態	主な症状
1段階	認知機能の障害なし (通常の機能)	・脳内の変化は始まっているが、認知能力に変化は見られず、日常生活に支障は見られない ・医療専門家との問診においても問題は見られず、本人や家族など周囲の人もまったく正常だと思っている段階
2段階	非常に軽度の 認知機能の低下 (加齢に関連した 正常な変化または 認知症の 最初期の兆候)	・度忘れしたように感じる ・使い慣れていた言葉や家族、親戚の名前が思い出せなくなる ・鍵や眼鏡など、日常的に使用するものの置き場所を忘れる ・会話の中でも「あれ」「それ」といった代名詞を使うことが多くなる ・電話を切った後、話した内容を部分的に忘れる ・人と会う約束をした場合、約束したことそのものは覚えていても、日時や場所などを思い出せなくなる ・見ているドラマや映画のあらすじがわからなくなる
3段階	軽度の認知機能低下 (認知症の初期段階)	・曜日や日時の感覚がわからなくなる ・新しく知り合った人の名前を覚えられない ・数分前に言ったことを繰り返したり、同じ内容を何度も尋ねる ・文章を読んでもほとんど覚えていない ・通帳や財布、印鑑などの大事なものを失くす、または置き忘れる ・計画を立てたり整理する能力が低下する ・趣味や習い事に興味を示さなくなる、1日中ぼーっとしていることが多くなる ・テレビのリモコンの使い方がわからなくなる ・友人、家族、同僚など周囲の人が変化に気づき始める
4段階	中度の認知機能の低下 (軽度あるいは 初期段階の認知症と 診断される段階)	・精算、支払いなどのお金の管理ができなくなる ・やや難しい暗算(例:100から7ずつ引いていく)ができない ・自分の生い立ちについての記憶の減少 ・現在の月や季節を忘れる ・調理やメニューを選ぶのが難しくなる ・社交的な場や精神的に困難な状況が苦手になり、引っ込み思案になる
5段階	やや重度の 認知機能の低下 (中等度あるいは 中期段階と 診断される段階)	・自宅の住所や電話番号、卒業した学校名といった大切な情報を思い出せない ・場所、日付、曜日、季節などが混乱する ・比較的簡単な暗算(例:20から2ずつ引く)ができない ・季節や状況に応じた服装を選べない ・自分や配偶者、子どもなどの名前は覚えている ・通常は食事およびトイレの使用に手助けを必要としない
6段階	重度の 認知機能の低下 (やや重度あるいは 中期段階の認知症)	・最近の経験および出来事、周囲の環境についてほぼ認識しなくなる ・自分の生い立ちについては完全に思い出せないが、通常は自分の名前は覚えている ・一人で外に出て、徘徊し迷うことがある ・配偶者や主要な名前を忘れることがあるが、知り合いと知らない人の顔を見分けることができる ・適切な着衣に手助けが必要になり、靴を誤った側に履くことがある ・トイレ以外の場所で排せつをしてしまったり、尿失禁や便失禁の頻度が増加し、手助けが必要になる ・性格が大きく変化し、疑心や妄想、幻覚、強迫的または反復的な行動などの行動的症状がみられる
7段階	非常に重度な 認知機能の低下 (重度あるいは 後期段階の認知症)	・配偶者や子どもの顔も認識できなくなる ・話しかけても反応しなくなる、表情を動かさなくなる ・身体が制御できず寝たきりとなり、嚥下障害や筋肉の硬直、異常な反射反応が出てくる

※ニューヨーク大学薬学部バリー・ライスバーグ博士による考案を参考に認知症ケアプロジェクトにて加筆。ほうせんかクリニック本行一博先生監修

に決められるものではありません。

丹念なアセスメントと介護スタッフのこれまでの知見・経験に基づき、その人に適していると考えられる支援方法を決定し、さらに実践を重ねて「この場合はロジカルケア（事実受容支援）が有効だった」など入居者自身の反応を見ながら、調整を図っていきます。


また、ラテラルケア（現実肯定支援）において認知症を有する人の「現実」にチャンネルを合わせるには、その人の生活歴をできるだけ詳しく知っておく必要があります。

どこで生まれ育ったか、どんな仕事に携わってきたか、どんな趣味を持っていたか、好きなものは何かなどについて本人や家族に丁寧にヒアリングを行い、アセスメントシートに書き込んでいきます。

加えて、「よくみられる行動や発言、表情」「会話によく出てくる人物」「ホーム内でよくいる場所」「ホーム内で相性のよい人・悪い人」など、その人の世界観を知るための手がかりとなる仔細な情報も集めてアセスメントシートに記載していきます。

さらに、この二つのメソッドを用いる最大の目的であり、認知症パラダイスの創造を目指す私たちにとっての課題でもあるのが、認知症を有する人のストレスの除去です。

そのため、アセスメントシートには、「ストレッサーの把握」という項目を設け、自然環境的ストレス（天候・気候など）、社会的ストレス（人間関係など）、精神的ストレス（不安や怒りなど）、身体的ストレス（病気や睡眠不足など）、物理的・構造的ストレス（居室や照明など）、その他のストレス（食事や花粉など）という6つのカテゴリについて、入居者のストレス度合いを介護スタッフが客観的にチェックして数値化していきます。その上で、ストレスのレーダーチャートを作成し、どこにストレスがかかっているかを詳細に分析するのです。

これら全体の情報を踏まえ、その人にはどのような生活を阻害するものがあり、それはQOLを低下させるものかどうかを総合的に判断します。

例えば、ある人には日中フロア内を徘徊するという行動があったとします。しかし、穏やかな顔で徘徊しているなら、徘徊そのものがQOLを低下させるわけではないので、それは肯定します。ただし、徘徊によって他の入居者とトラブルになったりするのであれば、それはQOLを低下させるのでリスクを除去するための支援を行うということです。

こうして立案したプランを実際に行い、支援が有効だったかどうかについて再アセスメントを行います。その際は、自立度や認知機能面などの変化、入居者や家族へのヒアリングはもちろんですが、私たちがもっとも重視しているのはその人の「表情」です。入居当初と3カ月後ではどのように表情が変わったか、さらにその後はどう変わったか、入居者の写真を比較しながら本当に入居者が望む支援を行えているかどうかを評価していくわけです。

そして、二つのメソッドを導入することで、認知症を有する人の表情は、ある人は穏やかに、ある人はほがらかに、ある人は安らかにと確実に変化していきます。

「強み」を理解し、それを生かした認知症ケアの実践

このように、ロジカルケア（事実受容支援）とラテラルケア（現実肯定支援）という二つのメソッドを核としながら、さらにアセスメントに基づく「認知症を有する人の強みを生かしたケア」を行うことも重要です。

認知症を有する人にはできなくなったことや忘れたことがたくさんありますが、できることもまだまだたくさんあります。

例えば豊泉家には、手先の器用さを生かして折り紙を折り、みんなに配って喜ばれている方がいます。むかし体育の教師をしていて、豊泉家の大運動会では準備体操の笛を吹いてくれる方がいます。以前ピアノの講師をしていて、ピアノの演奏を聞かせてくれる方がいます。スタッフと一緒に掃除をしてくれたり、他の入居者のお世話をしてくれる方もいます。

人間は、一方的にお世話されてばかりだと気持ちが落ち込んでくるものです。誰かのお世話になって「ありがとう」と言うこともあれば、誰かのお世話をして「ありがとう」と言われることもある。支える人と支えられる人という絶対的な関係性ではなく、互いに支え合える関係性の構築こそが真の支援だと私は考えています。

それはまた、認知症を有する人の今現在を肯定することでもあります。「本当に助かりました。ありがとうございます」と言ったとき、どれほど嬉しそうな顔をなさるでしょう。自分はまだまだ人の役に立てているという自己肯定感や自己有用感は、自分が自分であり続けるための重要なポイントなのではないでしょうか。

ロジカルケア（事実受容支援）とラテラルケア（現実肯定支援）、そして認知症を有する人の強みを生かしたケア――。この新メソッドが、認知症ケアの新たな地平を開いていくと私は確信しています。

ただし、その道のりは決して平坦ではなく、一足飛びに行くものではありません。このメソッドを活用する上で重要となるアセスメントを行う際は「認知症を有した人」「理解が難しい人」という色眼鏡を外し、「その人を見る」ことがなにより大切です。そうすることで、潜在化したニーズが浮き彫りになったり、すでに顕在化しているニーズがより明確に見えてきたりします。このように入居者一人ひとりを丁寧に探るプロセスがとても重要となるのです。

第二章

事例で見る「ロジカルケア（事実受容支援）」

概論～「ロジカルケア（事実受容支援）」で〝理解〟をサポート

第二章では、メソッドの一つであるロジカルケア（事実受容支援）について詳しくお話しし、その事例についても紹介したいと思います。

一般的に「事実」とは、誰から見ても変わらない、実際に起きた客観的な事柄です。認知症によって記憶力や理解力、判断力、抽象的思考力などが低下すると、「事実」がわからなくなり、日常生活において若干の混乱がみられるようになります。そうした人に対し、介護スタッフが「事実」を伝えることで、入居者自らが「事実」を受け入れ、日常的な生活を取り戻していくことができるようサポートするのがロジカルケア（事実受容支援）です。

例えば、「私はご飯を食べたかな？」と食事を食べたかどうかわからずに不安になっている入居者に対し、「先ほど食べましたよ」と事実を伝えることで、その人が事実を受け入れられるよう促すのがロジカルケア（事実受容支援）です。入居者が「そうか、そうか」と納得したり、「そうだったかな」とやや納得したら、支援は有効だったということになります。

あるいは、帰宅願望があって「家に帰りたい」と訴える入居者に対し、「ここが家ですよ」と事実を伝えることで、その人に事実を思い出してもらうようにするのもロジカルケア（事実受容支援）です。

また、日中は「事実」を受け入れられるけれども、夜になると「事実」を受け入れられなくなるなど、一日の中で波がある人もいます。

「事実」を受け入れられるときは、「今日は2020年7月21日ですよ」と介護スタッフが声をかけたら「ああ、そうだね」と返し、「令和になりましたね」「令和になったのか、そうか」といった会話がつながります。

しかし、「事実」を受け入れられないときは、同じように「令和になりましたね」と声をかけても「令和ってなんだ！」となり、「平成はご存じですか」「平成なんか知らないよ。今は昭和じゃないか！」などの会話になるでしょう。そのとき、入居者はまったく違う時代の「現実」の中で生きているということです。

そうした場合はその人の「現実」を肯定し、介護スタッフが「現実」に入り込むラテラルケア（現実肯定支援）に切り替えることになります。

ロジカルケア（事実受容支援）のみ、あるいはロジカルケア（事実受容支援）とラテラルケア（現実肯定支援）の併用――。一人ひとりの入居者によって適しているメソッドは変わりますが、いずれにおいても目指すのは認知症を有する人が肯定され、安心して穏やかに暮らせることです。

では、次項からロジカルケア（事実受容支援）の実践例を紹介していきましょう。

実践例❶ 事実を根気よく伝える～物盗られ妄想が改善した島田さん

定年まで小学校の教師をしていた島田真砂子（仮名）さん（89歳・女性）に認知症状が出現したのは87歳のときです。その後、物盗られ妄想がひどくなって、「通帳を盗られた！」と弟さんの職場に電話するなど興奮している姿がみられるようになり、親族が心配して88歳のときに豊泉家に入居しました。豊泉家における認知症の進行段階は3です。

豊泉家に入居してからも島田さんの物盗られ妄想は頻繁にみられました。通帳などの貴重品は島田さんの姪御さんが預かっていましたが、私たちは物忘れが激しく理解力も低下している島田さんに事実を伝えても忘れてしまうだろうと考え、ラテラルケア（現実肯定支援）でいこうと判断しました。

そのため、「通帳を盗られた！」「警察に行く！」と興奮している島田さんに対し、「私たちが預かっていますよ」「お部屋にしまっていますよ」「警察に連絡しますね」などとその時々の島田さんの言動に合わせて声かけ・対応を変えていたのですが、対応によっては島田さんをさらに興奮させてしまうこともありました。

島田さんは物盗られ妄想からストレスを抱えた状態で生活しており、このままでは意欲の低下や認知症の進行が早まる可能性もあります。また、精神的に不安定なため、スタッフや他の入居者と良好な関係が保てなくなることも考えられました。こうしたことから、私たちは今一度島田さんに対する支援方法の見直しを行うことにしたのです。

私たちは、島田さんに事実を伝えても忘れてしまうだろうと考えてラテラルケア（現実肯定支援）を実施してきました。しかし、「通帳を盗られた！」と訴えるたびにスタッフの声かけ・対応が異なることが、もしかしたら島田さんの不安や不審につながっているのかもしれないと思い至りました。そして、ラテラルケア（現実肯定支援）ではなく、「貴重品は姪御さんが預かっています」という事実をしっかりと伝え、島田さんが事実を受け入れられるように促すロジカルケア（事実受容支援）に切り替えることにしたのです。

以降、島田さんが「通帳を盗られた！」と訴えるたびに、すべてのスタッフが「貴重品は姪御さんが預かっていますよ」と一貫して事実を伝えるようにしました。同時に、島田さんの親族にも協力をお願いし、姪御さんには面会に来るたびに「貴重品は私が預かっているよ」と声をかけてもらうようにしました。

こうした支援の結果、島田さんは次第に事実を受け入れてくれるようになり、ついには自分から「通帳は預けているよね？」とスタッフに確認し、スタッフが「姪御さんが預かっていますよ」と答えると安心した顔を見せてくれるまでになったのです。現在では、物盗られ妄想はほとんどみられなくなり、穏やかな顔で日々の生活を送っています。

また、物盗られ妄想で悩んでいた親族の方たちからも「どういう対応をすればよいかがわかった。これからもそうした声かけを継続してほしいし、自分たちも同様の対応を行っていく」という声をいただきました。

この事例は、姪御さんがキーパーソンであったと思います。

島田さん自身がそう言ったわけではありませんが、島田さんは姪御さんに対して信頼感を抱いていたのでしょう。それを私たち介護スタッフがわからずに、ラテラルケア（現実肯定支援）を適用して、「私たちが預かっていますよ」「お部屋にしまっていますよ」などその時々の状況に応じた一貫しない声かけ・対応をしたために島田さんを混乱させることになったと考えられます。

この事例が示唆しているのは、認知症を有しているから事実を伝えても忘れてしまうだろうと私たち介護スタッフが思い込むことの危険性です。同時に、ロジカルケア（事実受容支援）によって、認知症を有する人は事実を思い出すだけでなく、新しく事実を覚えることもあるということを私たちに教えてくれています。

実践例❷ 看板の設置～状況が把握できるようになった森山さん

森山富江（仮名）さん（90歳・女性）は28歳のときに結婚し、専業主婦として家事・育児に精を出してきました。83歳のときに在宅時に熱中症で倒れて入院。リハビリを経て退院しますが、85歳のときに圧迫骨折で入院し、退院後に豊泉家に入居しました。豊泉家における認知症の進行段階は5です。

豊泉家では、入居者にできる限り衛生的な環境で過ごしてもらうために、ダイニングや共用スペースの清掃を毎日定期的に行っています。しかし、森山さんはダイニングなどを清掃していてもそれが理解できず、清掃中のダイニングに入ってきて席に座ってしまうことが頻繁にありました。

そして、そのたびにスタッフから「少し待ってくださいね」と声をかけられたり、他の入居者から注意されたりするため、森山さん自身にストレスがかかっている状態であると推察されました。

森山さんは言葉の認識がうまくできませんが、日中活動で習字をしていることから文字の認識はできるのではないかと私たちは考えました。そこで、ダイニングの前に「清掃中」の看板を設置して理解を促すようにしたところ、森山さんは見事に

森山さんの理解を促すために
設置した「清掃中」の看板

掃除中であることを理解し、ダイニングに入らなくなったのです。

スタッフから制止されたり、他の入居者から注意されたりすることがなくなり、森山さんのストレスも低減されたのでしょう。最近は、役割や興味があることも増え、意欲も向上し、なにより表情が明るくなりました。

実践例3 予定の視覚化～安心して過ごせるようになった佐伯さん

佐伯絹子（仮名）さん（92歳・女性）は82歳のときに旦那さんを亡くしてから独居生活を送ってきましたが、87歳のときに左肩を骨折し、認知症状が出現しました。さらに、頻繁に会っていた友人が施設に入居したのをきっかけに認知症が進行し、90歳のときには自宅で転倒して左大転子部を骨折。入院・リハビリを経て、豊泉家に入居しました。豊泉家における認知症の進行段階は4です。


佐伯さんには東京で働いている娘さんがいて、その娘さんは佐伯さんと実家で過ごすために毎月1週間ほど大阪に戻ってきました。

認知症状があり、かつ毎月1週間ほど外泊するため、佐伯さんには豊泉家に住んでいるという認識がないのでしょう。毎日夜になると、「ここは私の家じゃないから、家に帰らないといけない」「いつ自分の家に帰れるの?」などと言いながら、クローゼットの中の衣類を全部鞄に詰め込んでしまいます。また、清潔な衣類と洗濯が必要な衣類の区別ができずに荷物をまとめるため、佐伯さんに会いにきて鞄を開けた娘さんから衛生的でないと指摘を受けることもありました。

佐伯さんは豊泉家を自分の家として認識することができず、それが帰宅願望につながっているため、自分の居場所を理解して落ち着いて過ごせる環境づくりが必要でした。また、衛生的な環境をつくるためには、佐伯さんが清潔な衣類と洗濯が必要な衣類の区別ができるよう支援することも不可欠です。

佐伯さんは「外泊は3日後ですよ」「洗濯が必要な衣類は分けてくださいね」といった口頭での説明を理解するのは困難ですが、本を読んでいる姿がよくみられることから文字などの理解度は高いと考えられます。

こうしたことから、私たちはロジカルケア(事実受容支援)と「構造化」を組み合わせることで佐伯さんの理解を支援することにしました。

ご存じの方も多いと思いますが、構造化は私たちの生活周辺にもたくさんあり、例えば地下鉄の路線図の色分けなどは身近な構造化の一つといえるでしょう。また、この構造化は自閉症の方が生活しやすくするための支援として活用されている方法でもあります。

私たち人間は常に周囲の情報を受け、それを整理し、今の状況を理解しながら多岐にわたる判断をしています。しかし、自閉症の方は周囲の情報を整理して取り入れることが難しく、不安や混乱に陥りやすい傾向にあります。

そこで、物理的に、視覚的に、時間的に情報提示の仕方を工夫し、自閉症の方が理解しやすい環境をつくることで、その人が主体的な生活を送れるよう支援することを構造化といいます。例えば、パーテーションなどで空間を区切ることで各空間で何をすればよいかをわかりやすくする、口頭による指示ではなくイラストを使うことで今何をすればよいかをわかりやすくするなどがその一例です。

自閉症の方と同じように、認知症を有している人の中には周囲の情報をうまく受け入れることができない、情報を適切に処理できないといった人も多くいます。そのため、今の状況やその後の予測があいまいになり、どう行動してよいかわからなくなって混乱してしまう傾向があります。こうしたことから、自閉症の方の支援方法として活用されている構造化を認知症ケアに取り入れるという新たな試みに挑戦したのです。

私たちは、佐伯さんがいつも本を読んでいる居室の机の上に卓上カレンダーを設置し、外泊などの予定を書き込んで佐伯さんに見てもらうようにしました。佐伯さんを不安にしていた要因は「いつ家に帰れるのかがわからない」ということであり、そのため予定を視覚化して理解を促すことで佐伯さんの不安を取り除き、落ち着いて過ごしてもらえるようにしたいと考えたのです。

この支援の結果、佐伯さんは「この日は家に帰る。それ以外はここにいるんだ」ということを理解するようになり、帰宅願望の訴えはなくなりました。また、こうした支援を行っていることを佐伯さんの娘さんに説明したところ非常に喜ばれ、外泊や入浴日などの予定を娘さん自ら記入してくれるようになりました。

さらに、居室にカゴを設置して「洗濯する下着やパジャマはこのカゴの中に入れてください」とメッセージカードを貼ることで、佐伯さん自ら洗濯物をカゴに入れ

居室の机の上に予定を書き込んだ卓上カレンダーを設置

洗濯物を入れるカゴを設置し、メッセージカードを掲示

るようになり、清潔な衣類と洗濯が必要な衣類が混在することもなくなったのです。

これは、ロジカルケア（事実受容支援）と情報をわかりやすく提示する構造化を組み合わせることにより、佐伯さんが持っている力を最大限に引き出しながら、安心して過ごせる環境をつくることができた事例だと思います。

実践例4 道順の掲示～自分の居室に戻れるようになった富永さん

もう一つ、ロジカルケア（事実受容支援）と構造化の組み合わせの事例を紹介します。

富永カズエ（仮名）さん（90歳・女性）は、50代半ばで交通事故に遭い、それを機に認知症状が出現するようになりました。アルツハイマー型認知症と診断されたのは84歳のときです。89歳のときに豊泉家のショートステイを利用し、90歳で入居しました。豊泉家における認知症の進行段階は5です。

富永さんは他の入居者との交流にあまり積極的でなく、共用スペースでも静かな人が近くにいるときは落ち着いて過ごしていますが、騒がしい人が近くにいるとその場を離れて居室に戻ろうとします。しかし、自分の居室の場所が覚えられないため、他の入居者の居室に入って寝ていることが多く、他の入居者とトラブルになることもありました。

共用スペースに自分の落ち着ける場所がないこと、また他の入居者とトラブルになってしまうことから、富永さんは日中も居室のベッドで寝て過ごす時間が多くなっていきました。

このままではQOLやADL（日常生活動作）の低下が懸念されます。私たちは、富永さんに自分の居室の場所を理解してもらうとともに、共用スペースで落ち着いて過ごせる場所を見つけてもらえるよう支援にあたることにしました。

富永さんに自分の居室の場所を理解してもらうため、表札とは別に「211－2号室　富永様のお部屋です」と表示したプレートを用意し、居室の扉の見やすい位置に掲示しました。この方法で、他の入居者の居室に入ってトラブルになる回数は確かに減少しました。しかし、それでも時折間違えて他の入居者の居室に入ったり、夜間にトイレに行った後に自分の居室がわからなくなって探している様子などがみられました。

そこで、居室の扉のプレートの文字を大きく、かつ夜間にもよく見える色に変更し、またダイニングから居室に戻るまでの道程にも「富永様のお部屋は真っ直ぐです」「富永様のお部屋は向かい側です」などの言葉に矢印を加えて道順を掲示しました。その結果、富永さんは日中・夜間ともに居室の場所を間違えることがなくなり、他の入居者とのトラブルもまったくみられなくなったのです。

また、共用スペースで落ち着いて過ごせる場所がなく、活動に参加しているとき以外は居室のベッドで寝て過ごす時間が多いという課題について、富永さんが興味のありそうな身体を動かす番組や音楽番組などの観賞を勧めるとともに、食事の際にも声が大きい人や騒がしい人の近くにならないように配慮しました。

こうした支援の結果、富永さんの言動に少しずつ変化が表れました。

これまで他の入居者との交流に消極的だった富永さんが、自ら他の入居者に挨拶をした

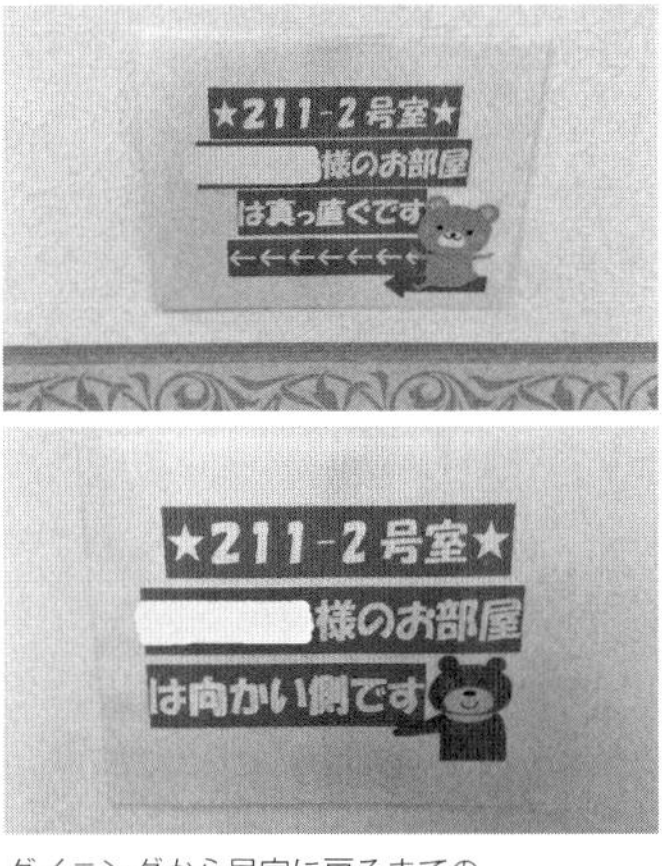

ダイニングから居室に戻るまでの
道程にも道順を掲示

り、みんなが集まっている場所でも穏やかに落ち着いて過ごせるようになったのです。さらに、最近では共用スペースのソファに座り、テレビを見ながらほがらかに笑う様子もみられるようになってきました。

実践例5 ピクトグラムの活用〜放尿・放便が治った中川さん

次に、ロジカルケア（事実受容支援）と構造化の組み合わせを柱に、ラテラルケア（現実肯定支援）も取り入れた事例を紹介したいと思います。

理髪店を営んでいた中川立男（仮名）さん（80歳・男性）は引退後、奥さんと二人暮らしをしていました。しかし、77歳のときに奥さんを亡くして独居生活となり、それを機にうつ病を発症。80歳のときに自宅で倒れていたところを発見されて入院し、退院後に豊泉家へ入居しました。豊泉家における認知症の進行段階は5です。

中川さんは入居したばかりで落ち着ける場所がないことから、フロア内を歩き回ることが多くみられました。また、歩き回っているうちに自分がどこにいるのかわからなくなって他の入居者の居室に入ったり、トイレの場所が見つけられずさまざまな場所で放尿・放便したりすることもありました。

放尿・放便は衛生的にもプライバシー的にもよくありませんし、他の入居者が滑って転倒するなどの危険性もあります。そこで、中川さんがトイレの場所を理解できるよう、共用トイレと居室内のトイレに「お手洗いはこちらです」という文字と男女を描いたトイレのピクトグラムを貼ってみました。その結果、中川さんはトイレの場所を認識して自らトイレに行くようになり、放尿・放便もすっかりなくなったのです。

ただ、不思議なことに、中川さんが使うのは共用トイレだけで、居室にあるトイレを使っている様子はありません。夜中でもわざわざ居室から出てきて、「トイレはあそこだな」というようにピクトグラムを確認し、共用トイレに向かいます。スタッフたちも中川さんの混乱を防ぐことに加え、運動にもなるという思いから、あえて居室のトイレのことは口にせず見守ることにしました。そして、共用トイレから出てきた中川さんとおしゃべりしたり、お茶を飲んだりしています。

こうした支援と合わせ、中川さんが落ち着いて過ごせる環境づくりのために、共用スペースに設置しているソファの活用を勧めてみました。しばらくすると、中川さんはダイニングの入口に設置してあるソファがお気に入りとなり、食事以外はそこに座ったり寝転んだりしながら過ごすようになりました。夜トイレに行った後も居室に戻らず、お気に入りのソファで眠ることもあります。こうして自分の居場所を持つことで、中川さんは落ち着いて過ごせるようになったのです。

また、中川さんは結婚している娘さんがいて、その娘さんとお婿さんが大好きな様子でした。そして、中川さんはスタッフの一人を娘婿と思い込んでおり、このスタッフが支援にあたるときは、スタッフを娘婿の名前で呼びながらとてもよくお

共用トイレに貼った
トイレのピクトグラム

中川さんはピクトグラムを確認し、
自らトイレに向かう

明るい表情を
見せてくれるようになった中川さん

しゃべりします。一方のスタッフも中川さんを「お義父さん」と呼んで娘婿を演じながら支援にあたっており、こうしたラテラルケア（現実肯定支援）も取り入れることで、中川さんはさらに落ち着いて生活できるようになりました。

奥さんを亡くし、うつ病を発症してからは家に閉じこもりっきりだったという中川さんですが、ケアプランに基づいたさまざまな対応を実施することで次第に明るい表情を見せてくれるようになりました。家族からも「父の表情が和らいできた。話す言葉も増えて会話も弾むようになった」という嬉しい声をいただいています。

実践例6 事実を伝え思考が変容する〜不安感が軽減した田畑さん

田畑巌（仮名）さん（83歳・男性）も共有トイレの扉にトイレのピクトグラムを貼ったことで、自分でトイレに行けるようになった一人です。

建築会社に勤めていた田畑さんは24歳で結婚し、30歳ぐらいのときに工務店を立ち上げて独立。70歳近くまで現場の第一線で仕事をしていましたが、体力的にも厳しくなったことから、75歳で会社も工具もすべて処分し引退しました。２０１４年頃から認知症状が出現し、その後症状が悪化したことから2019年に豊泉家に入居しました。豊泉家における認知症の進行段階は3です。

田畑さんはトイレの場所を探し歩くために落ち着いて過ごすことができず、また他の入居者の居室に入ってトラブルになる危険性もありました。そこで、トイレのピクトグラムを活用して田畑さんの理解を促す支援を行ったところ、トイレ付近までの誘導は必要ですが、その後はピクトグラムを認識して自分でトイレに行くことができるようになりました。

また、田畑さんは長年熱心に仕事をしてきたこともあり、時間を持て余すと「何か仕事をさせてほしい」「役に立つことはないですか」などとスタッフに頻繁に尋ね、同時に「お金がないからどうしていいかわからない」といった金銭に関する不安がみられることもありました。普段は落ち着いているのですが、何か一つでも不安なことがあるとフロア内を歩き回って、外出願望がみられ不穏になり、スタッフに攻撃的な振る舞いをすることもあります。

そこで、田畑さんの不安の根源である金銭面に関しては、「大丈夫ですよ」といった簡単な声かけではなく、ロジカルケア（事実受容支援）により「娘さんがすべて管理してくれているので大丈夫ですよ。安心してここで生活してくださいね」と統一した声かけを実施することにしました。

また、「何か仕事をさせてほしい」などの訴えに対してはスタッフと庭の水撒きや飾り棚の装飾替えなどの簡単な作業を一緒に行ってもらうようにし、さらに相性がよい他の入居者とコミュニケーションを図る機会をつくるなどの支援を行いました。その結果、田畑さんは仕事を積極的に行ってくれるようになり、不安や攻撃的になることも減少しました。今後は、日曜大工にも挑戦していきたいと考えています。

さまざまな事例をあげながら、ロジカルケア（事実受容支援）について詳しくお話ししてきました。ロジカルケア（事実受容支援）とは何か、また現場ではどのように実践しているのかなどがおわかりいただけたと思います。

次章では、もう一つのメソッドであるラテラルケア（現実肯定支援）について、事例なども交えながら詳しく紹介していきます。

第三章

事例で見る「ラテラルケア（現実肯定支援）」

概論〜「ラテラルケア（現実肯定支援）」で〝世界観〟を共有

第三章では、もう一つのメソッドであるラテラルケア（現実肯定支援）について見ていきましょう。

一般的に「現実」とは、今目の前に「事実」として現れているもの、あるいは私たち人間が「事実」を観測し、それを頭の中で再構成したものという意味で使われます。そして、ラテラルケア（現実肯定支援）でいう「現実」とは、後者の意味、つまりその人が頭の中で考えていることを指します。

認知症によって記憶力や理解力などが低下すると、「今がいつか（時間）」「ここがどこか（場所）」がわからなくなるなど、いわゆる見当識障害が多く表れます。見当識障害がある人の多くは、自分の過去の出来事や時代を今現在と思い込み、周囲の人や状況をその頃に合わせて解釈しようとすることがあります。「自分自身が若かった頃のある出来事や時代」が、その人にとっての今現在の「現実」ということです。

自分がいちばん充実していた時代、例えば社長として事業を発展させていた頃や、仕事で優秀な成績を上げていた頃、あるいは子育てに一生懸命だった頃などに戻ることが多くみられます。

ラテラルケア（現実肯定支援）とは、そうした人の「現実」を介護スタッフが肯定的に受け止め、その人の「現実」に入り込みながら状況に応じた支援を行うというものです。

プロローグでは、居室から出てきてソファで寝始める入居者の例をあげ、以前の豊泉家では「ソファで眠ると風邪を引きますよ」などと声をかけて居室へ誘導していたが、今は入居者が快適な状態で眠れるように暖かい毛布をかけるというお話をしました。まさに、これが従来の認知症ケアからラテラルケア（現実肯定支援）への転換です。

この入居者は、元看護師の山本珠江（仮名）さんという83歳の女性です。

私たちは以前、ベッドで眠るのが山本さんのためだと信じ、山本さんが居室から出てきてソファで横になるたびに居室へと誘導してきました。しかし、私たちがよかれと思ってしていた支援は、山本さんにとって自分を否定されることだったのです。そして、毎晩毎晩、自分を否定され続けた山本さんは次第に元気がなくなっていきました。残念ながら、当時の私たちにはその理由がわかりませんでした。

その後、ロジカルケア（事実受容支援）とラテラルケア（現実肯定支援）という二つのメソッドの研究・実践に取り組む中で、私たちは改めて家族へのヒアリングを実施し山本さんの詳細な生活歴の把握に努めました。その中で、看護師だった頃は夜勤も多く、夜勤中はソファで仮眠をとるのが常だったことがわかったのです。

山本さんの「現実」がその頃だとしたら、山本さんにとっては居室のベッドで寝ることのほうが不自然です。「夜勤中なのに、なぜベッドで寝なければいけないの！」と言いたいでしょう。もちろん山本さん自身がそう言えるわけではありませんが、表情やソファでの眠り方などから、私たちは山本さんの「現実」をそう推察しました。そして、山本さんの「現実」を肯定しながら、山本さんが穏やかに生活できるよう支援していく――、つまりラテラルケア（現実肯定支援）に切り替えました。その結果、山本さんはソファでぐっすり眠り、朝もすっきりと起き、そしてなにより穏やかな表情が増えていったのです。

看護師だった山本さんは、人の役に立ったり、他の入居者のお世話をしたりするのがとても好きです。スタッフが申し送りをしているときは必ずそばで聞いていますし、バイタルサイン測定の際も近くにきて見守ります。きっと看護師として後輩を指導していた頃に戻っているのでしょう。

スタッフもそうした「現実」を肯定し、移動の際には山本さんに他の入居者の車椅子を押してもらうなどしており、山本さんは笑顔でしっかりと車椅子を押しています。

入居者にとっての「現実」にチャンネルを合わせる……

ラテラルケア（現実肯定支援）――、すなわち認知症を有する人の「現実」を肯定し、私たち介護スタッフが「現実」に入り込んで支援するためには、まずその人の「現実」を見極める必要があります。

前述のように、見当識障害がある人は自分が若かった頃に戻っている場合が多く、そのためにも本人や家族へのヒアリングなどから生活歴をしっかりと把握しておくことが重要です。

また、41ページの「徹底的なアセスメントから、その人に適したメソッドを見極める」の項でもお話ししたように、豊泉家では「よくみられる行動や発言、表情」「会話によく出てくる人物」「ホーム内でよくいる場所」「ホーム内で相性のよい人・悪い人」などの情報も集めてアセスメントシートに記載しており、それらもその人の世界観を知る手がかりとなります。

こうしたさまざまな情報を把握した上で、その人の言動を観察しながら「今、この人の行動は何歳ぐらいのときを背景にしているのだろう」「いつの時代に戻っているのだろう」「どの時代のライフスタイルが強く残っているのだろう」などとその人の「現実」を見極めていきます。そして、その「現実」に入り込んでいくのです。このことを私たちは「その人の現実にチャンネルを合わせる」という言い方をしています。むかしのブラウン管テレビをご存じでしょうか。ガチャガチャとダイヤルを回してチャンネルを切り替えていき、周波数が合うと映像が浮かび上がり音声が流れます。それと同じように、生活歴などを頭に入れながら、ガチャガチャとダイヤルを回してその人の「現実」にチャンネルを合わせていくわけです。

例えば、夕方になるとそわそわして落ち着かなくなる入居者がいました。よくよく観察すると、誰かを迎えにいこうとしているようです。そこで、娘さんに話を聞いたら、「小さい頃から塾に通っていて、いつも母が迎えにきてくれた」と言います。その人は今、子育てに忙しくしていた時代を生きていて、夕方になると娘さんを迎えにいこうとしているのかもしれません。

そうしたことを推察しながら、その人に合ったチャンネルを探り当てていきます。チャンネルを合わせる際は、その人の過去のさまざまな呼称を用いて反応を見ることが重要なポイントとなります。そして、呼びかけの言葉への反応はあるか、呼びかけは女性・男性どちらの声のトーンがよいか、どのような呼ばれ方がよいか、どのような身振り手振りを加えると反応がよいかなど試行錯誤を繰り返します。このデジタル全盛の時代にありながら超アナログな方法であり、まだ科学的に証明できる段階ではありませんが、そうやってチャンネルが合うととても穏やかに話が通じ合うのです。

以前の私たちは見当識障害があってコミュニケーションがとれない人の行動や言葉の理解があいまいで、噛み合わないことがよくありました。しかし、その人の「現実」にチャンネルを合わせようと努力を重ねながら、「この人はこのような『現実』を生き、こういう思いを持ってこの行動をしているのではないか」とつなぎ合わせてみることで理解度が格段に上がり、噛み合うことが増えていきました。

先ほどの山本さんの例でいえば、山本さんはスタッフが申し送りを始めると必ずその場に来ますが、以前は「向こうに行きましょうね」などとスタッフがソファや椅子に誘導していました。しかし、山本さんが自分は看護師であるという「現実」に生きているのだと理解できた今、スタッフたちは当然のように山本さんに申し送りに参加してもらっています。このように、ラテラルケア（現実肯定支援）は入居者への介護スタッフの関わり方そのものを変えるのです。

それでは、次項からこのメソッドの実践例を紹介していきましょう。

実践例1 自尊心を取り戻す声かけ～不穏が減少した杉山さん

杉山早苗（仮名）さん（87歳・女性）は保険会社に就職し、その後結婚して一人息子を授かりました。75歳のときにご主人が亡くなり、マンションで一人暮らしをしていましたが、84歳のときに自宅で転倒し腰椎圧迫骨折で入院。入院先で認知症状が出現し、自宅での生活が困難になったため85歳で豊泉家に入居しました。豊泉家における認知症の進行段階は6です。

認知症状が進むにつれて、杉山さんはご飯の認識があいまいになり、手で触って遊んだり、手づかみで食べたりするようになり、それに対してスタッフは当初、「ご飯で遊んだらダメですよ」「お箸で食べてくださいね」などの声かけを多く行っていました。

また、トイレの場所がわからず、自分の居室や他の入居者の居室で放尿して衣服を汚すことが増えてきたため、排せつ介助が必要になってきました。それまで杉山さんはロングスカートを好んではいていましたが、排せつ介助が必要になったのを機にズボンの着用へと変更を行いました。

こうしたさまざまな支援を行っているにもかかわらず、杉山さんは次第に食欲がなくなり、不穏や介護拒否が多くみられるようになっていきました。また、認知症状の進行も早くなってきているように思われ、生活機能もどんどん低下していったのです。

これまで何度も述べてきましたが、スタッフの声かけが杉山さんを否定することにつながっていること、対応そのものがスタッフの都合になっていることなどが、杉山さんの「生きるための本能」を奪っていたのです。まさに、よかれと思って行っていた支援が、逆に杉山さんを苦しめていたわけです。

否定的な言葉を使ってはならないと理解していても、「ダメです」「危ない」「やめてください」といった言葉を突発的に使ってしまっていたことに気づいた私たちは、否定的な声かけを禁止することにしました。

　同時に、杉山さんが好きだったものやこだわっていたものを通じて意欲を取り戻せるよう支援するとともに、自尊心を回復できるような声かけを行うことにしました。

　杉山さんの好きだったもの――、それはおしゃれです。おしゃれを楽しむ気持ちを取り戻してもらうため、以下のようなことを実施しました。

- ロングスカートに戻す。
- 毎朝帽子を選んでもらう。
- 口紅の色を選んでもらい、毎日口紅を塗る。マニキュアも定期的に塗る。
- おしゃれに関して賞賛を感じられるような声かけを行う。
- 何か対応したときは「ありがとうございます」の声をかけ、自己肯定感を上げる。

その結果、杉山さんの食事摂取量は向上し、笑顔が増え、不穏や介助拒否も減っていきました。

　杉山さんはもともとおしゃれや美容が大好きでした。家族からのヒアリングでも

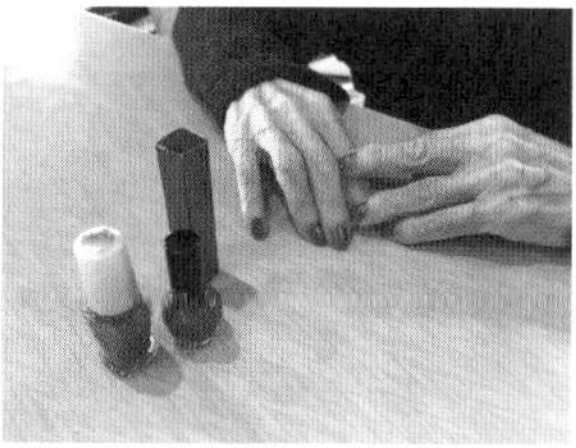
マニキュアや口紅を楽しむ杉山さん

家事より美容に関してのこだわりが強く、近所の人たちからも「いつもおしゃれですね」と声をかけられていたといいます。おしゃれを楽しむことが、杉山さんの自尊心につながっていたのです。

これは、本人の思いや世界を理解しようとせず、本人の尊厳よりも介護を成立させることが目的になったことによる失敗例といえます。この失敗例は、介護スタッフが知らず知らずのうちに入居者の楽しみを奪ってしまっていたこと、そして楽しみを維持することが入居者のQOLにとっていかに大切かということを改めて教えてくれます。

実践例2 「歩く」願望を支援〜一日4万歩の小野寺さん

若年性認知症を発症した小野寺貴志（仮名）さん（67歳・男性）は当初ショートステイの利用で豊泉家に来ており、基本的には家族が自宅で介護にあたっていました。しかし、認知症が進行して被害妄想が現れ、家族に暴力を振るうなどの危険行動がみられるようになったことから豊泉家に入居しました。豊泉家における認知症の進行段階は6です。

入居早々、小野寺さんの徘徊が始まりました。徘徊はショートステイでもみられ、そのときは他の利用者の居室に入るなどの理由から徘徊を止めていましたが、小野寺さんはそのことに納得しておらず怪訝な顔をしていました。

入居後、私たちは朝から晩までフロア内を徘徊する小野寺さんを詳しく観察しました。すると、多くの人は徘徊しているときは眉間に皺を寄せて険しい表情になるのですが、小野寺さんの表情は穏やかなままです。たまにベランダに出て日光浴をして、ふたたび歩き出すなど、まるで散歩を楽しむかのように徘徊しています。

険しい表情をしているならば、徘徊は入居者のストレスになるため止めなければなりません。しかし、小野寺さんのように穏やかな表情で歩いているならば、徘徊を止められるほうがストレスになるでしょう。ショートステイ中に徘徊を止められた小野寺さんが怪訝な顔をしていたのが、その証拠です。

また、歩くこと自体は身体にもよいことです。さらに、私も以前に一度お会いし面識のあるハーバード大学医学部臨床精神医学准教授のジョン・J・レイティ博士は、その著書『脳を鍛えるには運動しかない！～最新科学でわかった脳細胞の増やし方』の中で、運動をすると脳の神経成長因子が35％も増えるなど、運動は身体だけでなく、脳にもよい影響を与えることを明らかにしています。

徘徊しているときに、小野寺さんがどういう「現実」を生きているのかまではわかりませんでしたが、こうしたさまざまなことを勘案した結果、私たちは小野寺さんの「歩く」願望を肯定し、好きなだけ歩いてもらうことにしたのです。

また、小野寺さんはよく「お腹が空いた」とスタッフに訴えることがありました。最初は認知症によって食べたことを忘れているのだろうと考え、「先ほど食べましたよ」と事実を伝えながら飴などを舐めてもらうようにしていましたが、それでも空腹を訴え続けます。

もしかしたら運動量が多いのだろうか――。そう考えて小野寺さんに万歩計をつけてみたところ、多いときで一日4万歩も歩いていることがわかったのです。

それでは、高齢者向けにつくった1600キロカロリーの食事で足りるはずがありません。さっそく栄養士と相談し、ご飯を大盛りにしたり、牛乳を追加したりと、小野寺さんの「歩く」願望を食の面からも支援することにしました。

同時に、家族にも事情を話したところ、おやつやおにぎりを持参したり、奥さんが小野寺さんと一緒に歩き、「足がたくましくなったね」と言いながら笑い合ったりと、惜しみない協力をしてくれるようになりました。

小野寺さんは歩くだけではなく、泳ぐのも大好きです。まだ60代ですから体力があり余っているのでしょう。ある日、入浴時に「ひゃっほー！」と声を上げながら浴槽に飛び込んで泳き始めたのです。以来、他の入居者に迷惑がかからないように小野寺さんの入浴の順番を考慮し、スタッフが見守る中で心ゆくまで泳いでもらっています。

このような事例の場合、従来の認知症ケアでは「どのように徘徊を減らすか」「徘徊の理由は何か」などが主要なテーマとなるでしょう。しかし、私たちは穏やかな表情で機嫌よく徘徊しているのであれば歩いてもらおう。そして、思う存分歩けるように食事の面から支援しようと考えています。

徘徊を止めないだけでなく、歩き続けてもらうために食事の量を増やすなんてそんなアホなと思う人もいるかもしれません。しかし、それが私たちのラテラルケア（現実肯定支援）であり、危険や苦痛がなければ可能な限り「生きるための本能」を支援しようとする新しい認知症ケアのかたちなのです。

実践例3 介護スタッフが役を演じる〜現役時代を生きる菅原さん

菅原久雄さん（84歳・男性）は家族で飲食店を営んでおり、若い頃からお酒が好きだったそうです。しかし、親族問題からアルコールの量が増え、80歳頃に認知症状がみられるようになり、アルコール性認知症と診断されます。しばらく奥さんが介護していましたが、裸でマンション内を歩き回るなどの行動がみられるようになったため、豊泉家に入居しました。豊泉家における認知症の進行段階は6です。

飲食店の経営者としてバリバリ働いていた時代――、それが菅原さんの生きている「現実」です。菅原さんは、豊泉家のスタッフを部下、会計係、得意先の偉いさんなどと認識しているため、スタッフはその役割を演じながら支援にあたっています。

もちろん、菅原さんの「現実」を無視することもできますし、「菅原さんはもう社長ではありませんよ」と「事実」を伝えることもできます。しかし、そうすることは、「事実」を受け入れられない菅原さんを否定することです。否定を積み重ねることは菅原さんの笑顔を奪い、認知症の進行を早めることにもつながります。

そのため、ラテラルケア（現実肯定支援）により、菅原さんの「現実」の中でスタッフは自らの配役を演じながら支援しているのです。ラテラルケア（現実肯定支援）を実践する上で、介護スタッフは時に俳優にもならなければいけません。

例えば、会計係のスタッフには「振り込みはしておいてくれたか」などと話しかけ、スタッフが「はい、振り込んでおきましたよ」と答えると、「そうか、そうか」と機嫌よく過ごしています。また、得意先の偉いさんだと思い込んでいるスタッフと話すときは、きれいに90度腰を曲げておじぎをし、丁寧な言葉で話そうとするのです。しかし、部下だと思い込んでいるスタッフには「何をやっているんだ。仕事をしないなら帰れ！」などと容赦なく厳しい言葉を浴びせます。

これが以前の豊泉家だったらどうでしょう。厳しい言葉を浴びせられたスタッフは菅原さんが生きている「現実」をわからないまま、「ここまで一生懸命やっているのに、なぜ怒られるのかわからない」と傷つき、落ち込み、ストレスになることもありました。

しかし、今は違います。スタッフは「一生懸命働くので、もう少しいさせてください」と自ら進んで部下を演じながら、菅原さんの支援にあたっています。

ラテラルケア（現実肯定支援）を理解・実践し、認知症を有する人の「現実」を知ることで、スタッフの肩の力が抜けたというか、よい意味で楽しみながら認知症ケアができるようになってきたと思います。

また、菅原さんは大声を上げる入居者に対して腹を立て、トラブルになることが多々ありました。しかし、ラテラルケア（現実肯定支援）を実施するとともに、大声を上げる人の近くの席に座らないよう食席の配慮を行うことで、菅原さんが腹を立てることが減り、他の入居者とも穏やかに過ごせるようになりました。


さらに、家族との関係にも変化がみられました。

ラテラルケア（現実肯定支援）を実施することを奥さんに話したところ、奥さんからも「主人は私のことをわかるときと、わからないときがある」という話が出ました。そして、奥さんは菅原さんが自分のことをわかっているときは妻として接し、わかっていないときは「お元気ですか」などと赤の他人を演じてくれるようになったのです。


私も大好きな祖母が認知症になった際に経験がありますが、大切な人に自分の存在を忘れられるショックは筆舌に尽くしがたいものがあります。しかし、奥さんはそのことを受け入れ、菅原さんの「現実」の中で演じてくれているのです。

豊泉家に入居する前、奥さんは菅原さんのつじつまの合わない話に合わせようとするも怒られ、困惑し、疲弊していたそうです。また、裸でマンション内を歩き回る菅原さんを介護しながら、「主人のこんな姿は見ていられない」とよく泣いていたといいます。それが豊泉家に入居してからは穏やかな顔で生活できるようになり、「主人のこんなにいい顔が見られるのならば、私もそういう対応をします」と言ってくれています。

菅原さんと奥さんもそうですが、在宅介護では介護される人と介護する人がうまく意思疎通ができず互いにピリピリしたり、関係性が崩れてしまったりすることがあります。それが豊泉家への入居を機に距離感をうまく取ることができ、介護スタッフという協力者が現れることで、もう一度笑い合える関係になる――。そんな姿を間近で見られるのも、ラテラルケア（現実肯定支援）の成果の一つだと思います。

実践例4 お風呂に入る理由が鍵～入浴率100%になった小宮さん

小宮康子（仮名）さん（82歳・女性）は女学校卒業後に百貨店で仮縫いを教え、30代でブティックを開業し、70歳まで現役で活躍しました。引退後に認知症状が出現し、夫が介護をしていましたが、小宮さんが80歳のときに夫が亡くなり、代わって妹や姪がサポートすることになりました。しかし、認知症の進行や昼夜逆転傾向がみられてきたこともあって在宅生活が困難になったため、豊泉家に入居しました。豊泉家における認知症の進行段階は5です。

小宮さんは入浴拒否が多く、特に洗髪をとても嫌がります。

その都度、スタッフは「気持ちがいいから入りましょう」などの声かけをしていましたが、小宮さんは「気持ちはよくない！」と頑なに嫌がり、洗髪から逃れるためにお風呂場を走り回って転びそうになったこともありました。

このままでは、清潔な状態が保てず感染症などのリスクが高まると同時に、入浴中に不穏になり転倒やけがをする恐れもあります。

私たちは小宮さんの「現実」にチャンネルを合わせながら、どういう声かけならば小宮さんが入浴して洗髪しようという気持ちになるのかを探っていきました。

その結果、小宮さんはあるこだわりを持っていることがわかりました。それは、人前に出るときや外出するときは身支度を整えなければならないというこだわりです。小宮さんの普段の口調なども考え合わせると、ブティック経営者として活躍していた頃はシャワーを浴び、入念にメイクをし、自らコーディネートした洋服を着て身ぎれいにして出かけており、それが今の小宮さんの「現実」でもあると推察されました。

早速、ラテラルケア（現実肯定支援）として、小宮さんに入浴・洗髪を促す際には「今から出かけますので、お風呂に入って髪を洗いましょう」と全スタッフが一貫した声かけを行うようにしました。すると、あれだけ洗髪を嫌がっていた小宮さんが、なんと百発百中で髪を洗ってくれるようになったのです。もちろん本当に外出するわけではありませんが、入浴・洗髪が終わった後も小宮さんは機嫌よく穏やかに過ごしています。


また、小宮さんには昼夜を問わず歩き回る行動がみられました。特に夜間は何かを求めるように他の人の居室をノックして開けて回ることがあり、他の入居者とトラブルになることもありました。これはよい徘徊ではありません。

一人でいることや役割がないことへの不安感や寂しさが小宮さんの徘徊につながっている――、私たちはそう考えました。そこで、日中は他の入居者が集まる場所に誘導する、活動への参加を促す、ブティックを経営していたという観点から洗濯物をたたむ仕事を頼むなど、小宮さんの役割や人とのつながりを見つけ、不安感が軽減するような支援を行いました。

また、夜間の徘徊については、小宮さんの様子から廊下が暗いために恐くなって不安になり、近くの居室に入ってしまうのだろうと考えました。そこで、小宮さんが起きている間は廊下の電気を点けたままにしたところ、小宮さんは落ち着いた様子でスタッフルームまでやってきて、スタッフと少しおしゃべりをして自分の居室に戻るようになったのです。

こうしたさまざまな支援を実施することで、小宮さんの徘徊は格段に減り、不安感や寂しさも軽減し、穏やかな笑顔がみられるようになっていきました。

実践例5 求めていた「席」を提供する～徘徊がストップした宮下さん

宮下信子（仮名）さん（68歳・女性）は貿易会社に就職し、23歳で結婚。出産後は新聞社に勤務して62歳で退職し、65歳のときにアルツハイマー型認知症との診断を受けました。その後、言葉を発せなくなり、また徘徊もみられ、夫の介護負担が過大となったことから68歳で豊泉家に入居しました。豊泉家における認知症の進行段階は6です。

入居当初から宮下さんは徘徊が多くみられました。

特にダイニングでの食事中の徘徊が多く、年齢も比較的若いため小走りほどのスピードでずっと徘徊しています。

なにより宮下さん自身が落ち着かない様子であり、転倒や他の入居者とのトラブルを引き起こす可能性もあります。かといって、徘徊を抑制するのは宮下さんを否定することになり、QOLの低下につながります。こうしたことから、私たちはまず宮下さんの行動を仔細に観察することから始めました。


宮下さんの徘徊をよくよく観察する中で、私たちはあることに気づきました。

どうやら宮下さんは一つの席、テレビの前の席に強いこだわりがあるようなのです。その席に座れたときは落ち着いているのですが、その席に他の入居者が座っていると徘徊が始まります。他に空いている席があっても絶対に座りません。テレビの前の、その席にしか座らないのです。

試しにテレビの位置を変更してみましたが、やはり宮下さんはその席に座ります。テレビではなく、その席自体にこだわりがあるようです。

その様子を見たとき、自閉症の方の支援場面がふと頭をよぎりました。自閉症の方たちは自分が決めたルールにこだわりやすく、毎日の行動をパターン化することで主体的な生活が送れる傾向があります。逆に、いつもと違うパターンを非常に嫌がり、予期せぬことが起こったときは混乱してパニックになりやすい傾向もあります。同様に、宮下さんもいつもと違うパターンを非常に嫌がり、予期せぬことが起こったときは混乱してパニックになる、つまり徘徊するのではないか——と私たちは考えました。

自閉症の方たちの傾向を、認知症を有する人に当てはめるのは乱暴かもしれませ

求めている席に座れたときは
落ち着いて過ごす

その席に他の入居者が座っていると
徘徊が始まる

テレビを移動しても、
やはりその席に座る

ん。しかし、両者の支援に長年携わってきた私は、自閉症の方たちの言動を理解し支援する試みが、認知症を有する人にも有効な場合が多々あると考えています。

こうしたことから、私たちはその席にこだわるという宮下さんの「現実」を肯定し、いつもその席に座ることができるようにしました。その結果、宮下さんは迷うことなくその席に座って落ち着いて過ごすようになり、ダイニングでの徘徊はすっかりなくなりました。また、ダイニングに落ち着ける環境を見つけたことで、徘徊そのものの頻度もぐっと少なくなっていったのです。

実践例❻ キーワードから理由を探る〜帰宅願望がなくなった相田さん

最後は、認知症を有する人の状態を見極め、ロジカルケア（事実受容支援）とラテラルケア（現実肯定支援）を使い分けることでQOL向上を目指した事例です。

相田千鶴子（仮名）さん（84歳・女性）はご主人が亡くなった後、長女の家に移り住みますが、その後認知症状が進行したため、豊泉家に入居しました。豊泉家における認知症の進行段階は3です。

相田さんは排せつや食事、着替えなど身の回りのことは自立しており、他の入居者のお世話もよくしてくれます。また、わからないことがあれば相田さんからスタッフに質問し、それにスタッフが答えることで納得するため、ロジカルケア（事実受容支援）を活用していました。

その中で、相田さんには毎日夕方になると出現する帰宅願望がありました。普段は事実を伝えれば納得する相田さんですが、帰宅願望を訴えたときだけは「ここで生活することになったんですよ」「ここが相田さんのお家ですよ」とスタッフがいくら事実を伝えても受け入れることができません。自身が持っている携帯電話で家族や警察に電話して「家に帰してもらえない」と訴えたり、「家に帰して！」と夜遅くまでスタッフルームの扉を叩き続けたりすることもありました。こうした状態が続くと不眠や心身の不調につながる危険性があります。

私たちは、帰宅願望時に相田さんが訴える言葉に着目しました。

相田さんは「心配だから家に帰りたい」「遅くなったから家に帰りたい」「眠いから家に帰りたい」などさまざまな言葉で訴えますが、その中に「仕事が終わったから帰りたい」「私の役割は済んだから帰りたい」などの言葉がありました。相田さんは何らかの仕事や役割を持っており、それが終わったから家に帰してほしいと訴えているときがあるということです。

アセスメントシートを確認し、さらに情報を深めるために相田さんの家族にも詳しく話を聞いたところ、相田さんは仕事はしていませんでしたが、若い頃はボランティア活動に熱心に取り組んでいたということでした。

自分はここにボランティア活動に来ており、仕事や役割が終わったから家に帰りたい――。これが帰宅願望時の相田さんの「現実」だと私たちは推測し、ラテラルケア（現実肯定支援）を実施することにしました。

つまり、相田さんが帰宅願望を訴えた際は、「はい、わかりました。でも、今日は晩御飯の用意もしていますので、明日の朝自宅に帰りませんか」とか「わかりました。お嬢さんが迎えにきますからしばらくお待ちください」などボランティアが終了し帰れることを前提とした声かけを行ったのです。

実際に、このラテラルケア（現実肯定支援）による声かけにより、納得し落ち着いた状態に戻る場合もありました。しかし、同じ声かけをしたときに、「なんで帰るの？　私、ここに住んでいるんじゃないの？」といった言葉が返ってくることもあります。そのときの相田さんは、ボランティア活動に来ているのではなく、ここに住んでいるという認識を少なからず持っているということです。

さらに、相田さんの反応や言葉を詳しく探っていったところ、帰宅願望時の相田さんには「ここに住んでいる」という「事実」を受け入れられるときと、「ここにはボランティア活動に来ている」という「現実」を生きているときがあり、どちらの状態かを見極めるためのキーワードは「仕事」「役割」「ボランティア」などであるということがわかってきたのです。

つまり、相田さんの言葉の中に「仕事」「役割」「ボランティア」といった単語が出てきたときは「ここにはボランティア活動に来ている」という「現実」を生きており、これらの単語が出てこないときは「ここに住んでいる」という「事実」を受け入れられる可能性が高いということです。スタッフはこうした相田さんの状態を瞬時に見極め、ロジカルケア（事実受容支援）とラテラルケア（現実肯定支援）を使い分ける支援を実施することにしました。

相田さんの帰宅願望の訴えは現在も続いていますが、相田さんが今現在どの世界にいるのか――ここに住んでいてわからなくなっているのか、もしくはここにボランティア活動に来ているのか――を見極め、その状態に応じた対応をすることで相田さんもスタッフも共に穏やかに過ごすことができるようになりました。

いかがでしたでしょうか？

ラテラルケア（現実肯定支援）は、介護スタッフが「こうあるべき」という固定概念を捨て、認知症を有する人の「現実」を受け入れて肯定し、その上で「生きるための本能」を支援するものです。別の言い方をすれば、これまで過ごしてきた過去のライフスタイルや文明・文化にこだわり継承することを前提とせず、「今」を尊重するということです。

慣れ親しんだ「こうあるべき」という固定概念を捨てるのはなかなか難しいものですが、それを手放すとふっと肩の力が抜けて楽になります。

入居者にもっとやさしい気持ちを抱くことができるようになります。

入居者が本当に望む支援は何だろうと考えるようになります。

そして、それこそが生かされるのではなく、生命・生活・人生を全うする生き抜くための支援であり、入居者も介護スタッフも笑顔でいられる、楽しく幸せな認知症ケアへとつながっていくのです。

第四章

新メソッドが有効なワケ

米国「アシステッドリビングホーム」の考え方をベースに

ここまで認知症ケアにおける二つの新メソッド――「ロジカルケア（事実受容支援）」と「ラテラルケア（現実肯定支援）」――について、さまざまな事例をあげながら紹介してきました。

第四章では、この二つのメソッドが認知症ケアに有効な理由について、メソッドの成り立ちなども交えながらお話ししたいと思います。

まずは、二つの新メソッドのもっとも基盤となる考え方からお話ししましょう。その考え方とは、米国で生まれた「アシステッドリビングホーム（Assisted living-home）」です。同時に、アシステッドリビングホームは豊泉家の原点でもあります。

豊泉家誕生の発端は、1990年に田中成和（豊泉家グループ会長）が米国メリーランド州フレデリックにて、米国法人サンライズ社と共同で米国人のリタイアメントホームとしてアシステッドリビングホームを開発したことにあります。

ご存じの方も多いかもしれませんが、米国のアシステッドリビングホームは、欧州のグループホームの大邸宅版のようなもので、50～100人ほどの高齢者が一つ屋根の下で個々に合ったアシストを受けながら自由に暮らすという形態です。

田中は、自立と自由をなによりも重要視する米国の考え方や、ホームを大邸宅として捉え、そこで生まれるコミュニティの機能を積極的に活用しホームを運営する姿に感銘を受けました。そして、これから高齢社会を迎える日本でそれを実現するため、1995年に「自立と自由の家」というコンセプトのもとに豊泉家を立ち上げたのです。日々の生活に介護が必要になったとしても、その人が今「できること」を大切にしたアシストがあること（自立支援）、自らが決定して自らの生活スタイルを共に創り上げていけること（選択の自由）――、そんな生活を可能とするのが日本初のアシステッドリビングホームである豊泉家です。

アシステッドリビングホームの考え方の中で、私たちが特に大切にしていることがあります。それは、豊泉家は「施設」ではなく、「家」であるということです。

ハード面でいえば、一般の老人ホームでは各居室をそれぞれの入居者の「家」としているところが多いと思います。しかし、豊泉家では大きな邸宅そのものが一人ひとりの入居者にとっての「家」であり、その中にプライベートな空間としての居室があり、リビングやダイニングはその家で暮らす家族が集う場所という考え方です。入居者が自分の自宅として安心して過ごせるよう、建物にはさまざまな家具を設置していますし、どの空間も壁紙やカーペット、調度品などにこだわり、温かいぬくもりのある環境を用意しています。また、自らの使い慣れた家具を持ち込むこともできます。言ってみれば、入居者の尊厳を守るということを具現化した一つ、それが豊泉家の建物ということです。

ソフト面でいえば、支援される人と支援する人という絶対的な関係性を可能な限り排除したいと考えています。人間は、誰かに世話をしてもらうばかりだと次第に生きる意欲をなくしていきます。人間は「誰かの役に立っている」「コミュニティの一員である」といった実感が持ててはじめて自分が自分であると認識し、それが生きる意欲の源泉になっていくと思うのです。

そのためには、入居者に対してすべてを支援するのではなく、入居者ができないことを重点的に補い、合わせて入居者ができることをスタッフが見出しながら、その人の役割や存在意義をつくっていくことが大切です。

入居者に対して何かを提供することばかりがサービスと捉えられがちですが、「その人ができることを見つけること」も私たちが提供すべきサービスの一つだと思います。例えば、ある入居者はスタッフに入浴介助をしてもらうけれど、その一方で自分の得意なことを生かして誰かの役にも立っている……、支えられることもあれば支えることもあるという、これがまさに社会です。

そういう関係性をつくり上げていく中にこそ、人間の生きる意欲というものが湧き上がってくるのです。もちろん、入居者のできないことを補うことはスタッフの大切な仕事です。しかし、入居者ができることを見つけることも、プロとしての重要な使命だと私は考えます。そして、どの家でも家族それぞれに役割があるように、一人ひとりの入居者が自分のできることを喜びを持って行い、スタッフや他の入居者は「あなたがいてくれてよかった」ということをしっかりと伝えていく――、それが豊泉家の考える家であり、目指すべき介護現場の姿なのです。

入居者の尊厳と主体性を守るための10の約束

アシステッドリビングホームの考え方を私たちが具現化し、同時に入居者やその家族にも私たちの理念や姿勢を知ってもらうために、豊泉家ではサンライズ社と共同開発した当時の基本的な考え方を示したSUNRISE MISSION STATEMENTをベースに以下の「アシステッドリビングホーム お約束10ヶ条」を発表しています。

アシステッドリビングホーム　お約束10ヶ条

1. **あなたの価値観を大切にし、寄り添ったケアに尽力します。**
そのために私たちは、あなたが満足を得ることができる演出を行い、心地よいと感じる生活スタイルに必要なアシストを行います。

1. **あなたの自立の促進に努め、思いを尊重します。**
そのために私たちは、あなたのできることを大切にし、強みを生かした支援をします。

1. **あなたの尊厳が維持されるよう支えます。**
そのために私たちは、あなたの考えに対して私たちの視点で判断せず、共につくり上げていく関わり合いを常に持ちます。

1. **あなたの個性を大切にします。**
そのために私たちは、あなたが望む考え方とその生活がつながるように支えます。

1. **あなたの生活を豊かにするための選択肢の幅を広げ、自由度を高めます。**

そのために私たちは、あなたが自らの生活を決定できるための多彩なメニューを用意します。

1. **あなたのプライバシーを守ります。**

そのために私たちは、あなたの情報を守るだけではなく、知られたくないことをあえて知ろうとしません。

1. **あなたの精神的な安寧を育みます。**

そのために私たちは、あなたが生きていくうえで表現できる感情（喜びや悲しみ、怒りなど）を惜しみなく発揮できるよう気持ちに共感します。

1. **あなたが安心して暮らせる家を共につくります。**

そのために私たちは、あなたのことを大切に思う家族や知人の来訪を心から温かくお迎えします。

1. **あなたの心身の状況に応じた健康で快適な生活が送れるよう支援します。**

そのために私たちは、あなたの健体康心を支え、たとえ障がいを有してもあなたが心地よいと感じていた生活を維持できる環境を整備します。

1. **あなたにとってアシステッドリビングホームが新たなコミュニティとなれるよう信頼関係の構築に努めます。**

そのために私たちは、アシステッドリビングホームが特別な場所ではなく、あなたの大切なコミュニティとして、あなたとフェローが上下関係なく対等な関係で役割が持てるように支援します。

私たち豊泉家は、この「アシステッドリビングホーム お約束10ヶ条」を胸に、日々の介護や認知症ケアに取り組んでいます。

介護サービスの大前提はただ一つ！　質は「人」で決まる

一般的に介護サービスの質を図る際には、入居者に対するスタッフの数や有資格者数などが一つの指標となります。入居者数に対してスタッフがたくさんいたり、資格を持っている人が大勢いたりすれば、質の高いサービスを提供できると判断されるわけです。

しかし、そんなもので介護サービスの質は決まりません。なぜならば、スタッフ数や有資格者数の前に、働いている人の「思い」が大事だからです。

介護の知識やスキルが豊富でも、気持ちがない人のサービスを受けていては心地よくないでしょう。逆に、少し不器用だったとしても、熱意を持って真剣にやってくれている人のサービスは気持ちがよいものです。そして、そうした思いのある人が自分自身を磨き、鍛錬し続けることで、全体のサービスの質が向上していくのです。

私たち豊泉家ではスタッフのことを「フェロー」と呼んでいます。フェローとは、「仲間」や「同志」という意味。一人で何かを行うのではなく、同じ大志を持った仲間や同志と力を合わせながら社会に貢献していこう——。そうした思いから誕生したのがフェローという呼称です。

そして、私は「フェローの質こそがサービスの質」であると考えており、加えてチームケアを行う中では「チームの質こそがサービスの質を決める」と確信しています。こうした考えから豊泉家が掲げているのが「フェロー第一主義」です。しかしそれは、決して入居者の方たちをないがしろにしているのではありません。私、理事長もフェローの一人であり、フェローが相互に尊重し合い、高め合えるからこそ、その先にいる入居者の方たちを大切にできる。「フェロー第一主義」には、そうした思いが込められているのです。

その上で大切なのが、やはり教育・研修です。人柄がよくて思いさえあれば、質の高い介護サービスが提供できるかといったらそうではありません。人柄がよく、思いのある人たちがしっかりトレーニングを受けることにより、はじめて質の高い介護サービスが提供できるのです。そのため、新卒フェローには1カ月間みっちり研修を行った上で現場の実習に入ってもらいますし、中堅・ベテランのフェローに対しても教育や現場での研修を徹底しています。

その中でも特に重きを置いているのが、当グループの土壌である「豊泉家モラル」、つまりフィロソフィの教育です。

「豊泉家モラル」に基づくフェロー教育のポイントの一つは、他責ではなく、常に自責で物事を捉えること。私たち人間は、他責にした瞬間に問題解決を図ろうと努力しなくなるし、勉強もしなくなります。そうではなく、常に自責で物事を捉え、苦労を乗り越える経験を積んでいくことが成長につながるのです。

二つ目は、損得判断よりも善悪判断を最優先すること。3つ目は利他の心を持つこと。フェローは「利他の心を51％以上、利己の心は49％以下に」を心がけています。そして、最後がトライアル・アンド・エラーの精神です。フェローたちには変化に果敢に挑戦する精神を持ち、エラーを恐れることなく、安心してトライアル・アンド・エラーを繰り返してほしいと伝えており、彼らもまた立ち止まることなく、常に変化に挑戦し続けてくれています。

アシステッドリビングホームの考え方、介護サービスの質は「人」で決まるという信念のもとでのフェロー教育、トライアル・アンド・エラーの精神……。こうしたさまざまな基盤が、「ロジカルケア（事実受容支援）」と「ラテラルケア（現実肯定支援）」という革新的なメソッドを生み出したと私は考えています。

入居者がもっと穏やかに暮らせる認知症ケアの模索

では、二つの新メソッドはどのようにして生まれたのか——。それは、介護現場におけるR&D（Research and Development：研究開発）から誕生しました。

前述のように、豊泉家では教育・研修に力を入れていますが、その一環としてそれぞれの現場でR&Dを行い、1年に一度各現場のスタッフが集結して研究成果を発表する大会も実施しています。これは、課題は現場にしかないという考えのもと、それぞれの現場が今抱えている課題について現場レベルで研究・実践を重ね、そこで得られた発見や気づきを豊泉家グループ全体で共有していこうという取り組みです。2005年度からスタートし、2020年で16年目になります。

R&Dがスタートした2005年度当時、私は特別養護老人ホーム豊泉家 北緑丘（以下、特養）でソーシャルワーカーをしており、よりよい認知症ケアのあり方についてチームで研究に取り組んでいました。特養を開設したのはその3年前の2002年度で、同年度からユニットケアが制度化され、老人ホームにおける介護手法に大きな変化が訪れました。

ご存じの通り、ユニットケアとは10人以下の入居者で一つのユニットを構成し、ユニット単位で生活する介護手法です。ユニットごとに個室が設けられ、リビングやキッチン、食堂などが併設されます。また、スタッフも専任となり、いつも同じスタッフが介護にあたります。

入居者は顔なじみの人たちと生活することで密な人間関係を築け、また入居者とスタッフの信頼関係も構築しやすくなります。同時に、スタッフも入居者の個性を把握しやすくなり、一人ひとりに合わせた支援ができるというメリットがあります。

このように本来のユニットケアは生活環境をもって行いますが、豊泉家は従来型の特別養護老人ホームでした。そこで、私たちは音楽ユニットや裁縫ユニットなど場面ごとにユニットをつくりながら、どうやったら認知症を有する人が少しでも穏やかに生活できるかについて研究を重ねました。その頃の研究のレベルはまだまだ低いものでしたが、私たちはこのR&Dを通じて入居者がもっと穏やかに生活できる認知症ケアを開発したいと本気で考えていたのです。

R&Dを再点検することが、新たな発見につながる……

その後、私は現場を離れて運営統括に回ったため、特養における認知症ケアの研究は後任に引き継ぎ、以降はR&D発表会で研究成果を聞くかたちになりました。

特養の研究チームが2014年度に発表した内容は、以下のようなものです。

認知症を有する方への支援のあり方については、尊厳が守られ、心が充実したものとなるようにすることが重要であり、そのために支援する者には「洞察力」「共感力」「創造（想像）力」の3つが必要である。また、自立支援を促せる環境（対人関係・コミュニケーション）については、「個人の尊重」「非言語コミュニケーション」「相手に合わせるコミュニケーション」が重要である——。

一見、もっともらしい発表です。しかし、教科書に書いてあるようなことしか言っていません。響きのよい言葉を並べただけで中身がなく、最終的には「もっと敬っていきましょう」「もっと傾聴していきましょう」といった精神論にたどり着きます。それでは、研究というレベルにも達していません。現場をちゃんと見て、何が課題なのかを明らかにしない限りR&Dにはならないのです。

この発表を聞いたとき、私は特養における認知症ケアのR&Dを一度リセットすべきだと考えました。これをやり続けても、おそらく美辞麗句を並べただけの面白くない研究になっていくでしょう。私は特養の研究チームのメンバーたちとミーティングの機会を持ち、私が感じていることを率直に話しました。そして、フェローたちもまたこの研究に行き詰まりを感じていること、認知症ケアが思うようにいかず悩んでいることを素直に打ち明けてくれました。

基本的に豊泉家では症状によって入居を拒んだりしないため、さまざまな症状を持つ入居者がいます。もちろんケアがうまくいっているケースもあるのですが、不穏になったり介護拒否をしたりする入居者もおり、よい解決策が見つけられないまま、その日一日をとにかくがんばるという状態が続いているといいます。

真面目に一生懸命やっているのに、なぜうまくいかないのか――。私たちはR&Dを再点検し、現場の課題を明らかにすることから始めることにしました。

これは経営に携わる中での経験則ですが、正しいやり方で真面目にやれば、たいがいのプロジェクトは3カ月ほどで何らかの成果が出るものです。逆に、みんなが真面目にやっているにもかかわらず、3カ月経ってもまったく成果が出ないということはやり方が違うということです。

やり方が違うというのは、視点が違う、視野が違う、視座が違うといったことでしょう。見方を変えてみたり、見る幅を変えてみたり、見る角度を変えてみたり、見る立場を変えてみたり……、そういうことをやっていくうちに行き詰まりが解消され、新たな展開が広がったりするものです。

そこで、私は支援のミスマッチという疑いを持った上で、認知症ケアの現場を詳細に見ることから始めました。特養ではセキュリティや認知症ケアのR＆Dのために共用スペースにカメラを設置している他、家族の承諾を得て何人かの入居者の居室にもカメラを置いています。私はそれらの映像を細かくチェックし、合わせてフェローへのヒアリングを重ねました。

そうするうちにくっきりと見えてきたのです、今行っている支援がいかに間違っているかということが――。

新たな発想を与えてくれた、手づかみで食べる山本さん

自分たちのこれまでの支援がいかに間違っていたか。そのことを私たちに教えてくれたのは、入居者の山本珠江（仮名）さんでした。第三章でも述べましたが、夜間

に居室から出てきてソファで眠る元看護師の山本さんです。

定年まで看護師として働いた山本さんは、その後認知症が出現し、72歳のときに豊泉家のデイサービスを利用します。しかし、認知症が進行し、行方不明になるなどして在宅生活が困難になったことから、74歳で豊泉家に入居しました。

山本さんは言葉での意思疎通が難しく、理解もあいまいです。徘徊や収集癖などの周辺症状もみられました。一方で、家族からの情報によると、看護師という職業柄もあり、几帳面でしっかり者、優しく面倒見がよかったということでした。

こうしたことから、フェローたちは現在の周辺症状を改善し、以前の山本さんに少しでも近づけることが本人のためであると判断しました。そこで、家族から聞いた話から以前の山本さん像をつくり、一方で今現在の山本さんの生活状況を把握し、その差を埋めて以前の姿に戻していくための取り組みを開始したのです。

山本さんには大きく二つの問題行動があるとフェローたちは考えました。一つは夜間にベッドではなくソファで眠ること、もう一つは食事を手づかみで食べることです。フェローたちは、以前のような状態に少しでも戻ることを山本さん自身が望んでいるであろうという推測のもと、以下のような取り組みを行いました。

①手で食べている様子がみられれば声かけを行い、スプーンやお箸で食事を摂ってもらえるよう促す。

②夜間にソファで寝ている様子がみられれば、居室のベッドへ誘導し入眠を促す。

また、一回の食事で何度も手づかみをしたり、一晩で何度も居室から出てきてソファで眠ろうとしたら、声かけや対応するスタッフを代えて繰り返し行いました。つまり、全フェローが徹底して以前の山本さんに戻そうとしたわけです。

愕然としたのは、支援を続けて約1カ月が経った頃の映像を見たときでした。ベッドで眠るように居室に誘導された山本さんが、暗闇の中、ベッドの端に腰か

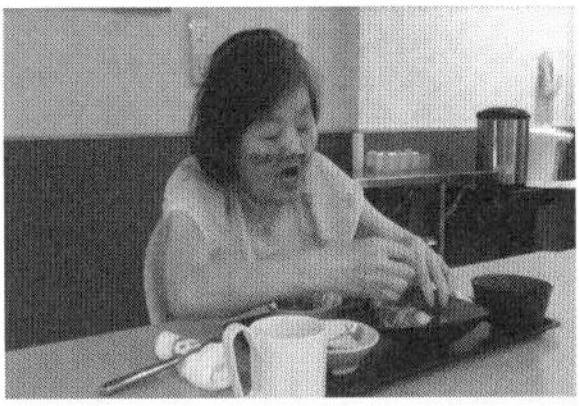

手づかみでご飯を食べようとする
山本さん

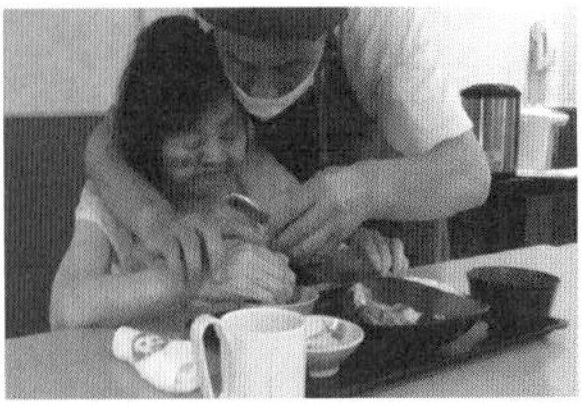

そのたびにスタッフが
スプーンや箸を持たせていた

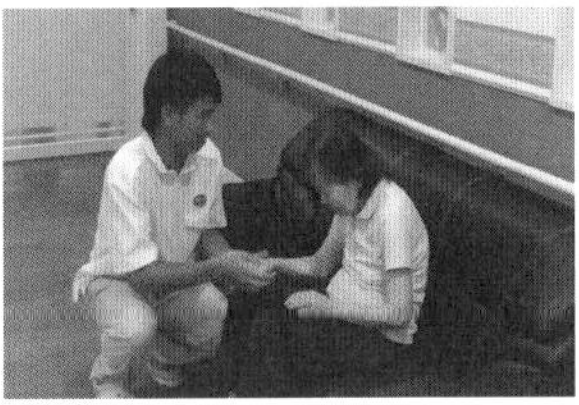

ソファで寝ようとする山本さんを
居室へ誘導するスタッフ

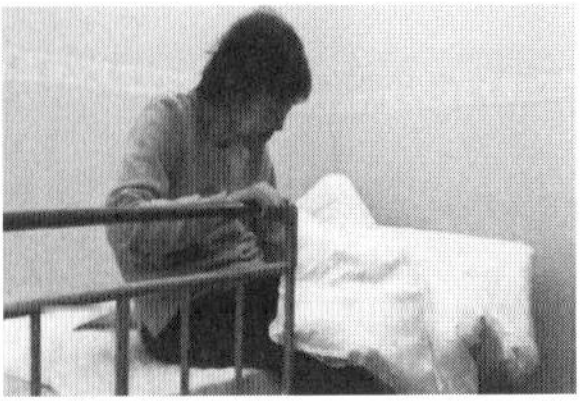

居室に誘導された山本さんは
がっくりとうなだれていた

けてがっくりとうなだれているのです。スプーンやお箸を持たされ、食事中に手が止まったり、表情が硬くなったりしている映像もありました。その山本さんの姿と表情こそが、この支援が間違っていることを証明していました。

また、フェローの話では、これまではフェローが山本さんに次の行動を促すことに対してあまり拒否はみられず、すぐに次の行動に移ることができていたのに、現在ではフェローの声かけにも拒否がみられ、次の行動に移る動作も緩慢になってきているということです。さらに、夜間の徘徊も増えているということでした。

「山本さんの姿が、私たちに突きつけている事実は何か？」

私はメンバーたちにこう問いかけ、全員でこれまでの支援を徹底的に見直すことにしました。

介護・支援の専門家として、自らに警鐘を鳴らし続けること

私たちは、世間一般の常識や人としてあるべき姿をステレオタイプ化し、その枠

組みから外れた行動は醜くよくないものとし、それを問題行動として捉え、優劣をつけていたのではないか。

決められた枠組みの中に山本さんを当てはめようとしていたのではないか。

共感や受容などという言葉を用いながら、実際には「人としてこうあるべき」「あなたとしてこうあるべき」という姿や行動に当てはめ、目の前で起こっている山本さんの姿や行動を全否定していたのではないか。

それが、山本さんの姿から導き出した事実でした。自分たちが真面目に一生懸命取り組んできたことが、入居者を全否定することになっていた……。それを認めることは、フェローたちにとって非常につらいことでした。しかし、それを直視することからしか道は開けないのです。


私たちは、これまでの支援を一つひとつ見直していきました。

例えば、「喉は乾いていませんか？　何か飲みますか？」と聞きながら、同時にお茶を配っている。

歩いている人に「どこに行かれますか？」と聞きながら、すでに手を握りスタッフがいてほしい場所に誘導している。

椅子から立ち上がった人に「どうされましたか？」と聞きながら、答える前に着座を促している。

夜間に徘徊している人に「こんな時間にどうされましたか？」と聞きながら、返答を待たずに居室のベッドに誘導している。

「もうお腹はいっぱいですか？」と声をかけながら、「もう一口だけがんばりましょう」と言って完食させる……。

こうした見直しによってわかったのは、言葉と行動が乖離しているということでした。表面的には受容や共感を示すような声かけを行いながら、実際は相手の答えを得るまでもなく、フェローがすでに決めている答えに誘導していたのです。それは、入居者にとって自分の行動が抑制・否定されることに他なりません。そして、なによりも問題として捉えなければならないのは、私たちがこれらのことを無意識に悪気なくやっているということでした。

常識の枠組みに当てはめようとするケアは、時として入居者が行った、もしくは行いたい行動と大きくかけ離れていることがあります。一つ間違えば、「個人」としての尊厳や価値観よりも、スタッフの幻想の押しつけや「人」「人らしさ」といったステレオタイプに当てはめた矯正につながっていきます。まさに専門職が陥りやすい典型的なパターナリズムといえます。

厚生労働省の調査によると、2018年度に特別養護老人ホームなどの介護施設で職員による高齢者への虐待が確認されたのは621件で、過去最多を更新しています。また、被虐待高齢者927人のうち、認知症日常生活自立度II以上の人が746人と80・5％を占めています。虐待の理由は、「職員の教育・知識・介護技術等に関する問題」が58％でもっとも多く、次いで「職員のストレスや感情コントロールの問題」が24・6％、「倫理観や理念の欠如」「人員不足や人員配置の問題および関連する多忙さ」がそれぞれ10・7％となっています。

こうした虐待は決して許されることではありません。しかし同時に、共感や受容といった素晴らしい考え方が美辞麗句になってしまい、認知症を有する人を傷つけてしまうこともあるということに介護スタッフは気づかなくてはなりません。厳しい見方をすれば、それも虐待につながるといえるでしょう。

私たち介護スタッフは、常に自分たちの行った支援について意識し、振り返り、危険なことや入居者にとって不利益なことが起こっていると気づいたときは、介護・支援の専門家として自らに警鐘を鳴らし続けていかなければならないのです。

二つの新メソッドで認知症ケアの新しい地平を開く

議論を重ねる中で、安易に使われる「人としてのあるべき姿」とは何か、対して「認知症を有する人が本当に望んでいる姿」とは何かについて、私たちは深く考えさせられました。同時に、導くことや正常な状態に戻すことが、私たち介護スタッフに求められる支援のすべてではないということにも気づかされました。

認知症を有する人の支援にあたっていると、意欲的に元気に生活をしてほしいという思いから、その人が活躍していた時代と照らし合わせることがあります。しかし、その視点は、時にその人の現在を否定することにつながってしまいます。

時間は常に未来に進んでおり、過去に戻ることはできません。人間は常に未来に向かって変化しているのです。できていたことができなくなることは人としてダメになることではなく、それも人が人生を積み上げていくプロセスの一場面であると捉えることが介護の現場では重要だと思います。

こうしたさまざまな議論から、私たちは認知症を有する人が尊厳を保ちながら安心して生活していくためには「ストレッサーの除去」が大切であり、それも認知症ケアの重要なポイントであるという考えに至ったのです。

そして、そのためには認知症を有する人の現状を否定的に捉えるのではなく、意味のある行動として肯定的に支援していくことがなにより重要だという結論を導き出しました。これが、「ラテラルケア（現実肯定支援）」の原点です。

同時に、私たちが事実を伝えることで、認知症を有する人が事実を受け入れることができるよう支援する手法、つまり「ロジカルケア（事実受容支援）」も大切であると結論づけ、この二つの新メソッドで認知症ケアの新しい地平を開く挑戦をスタートしたのです。

さまざまなデータが立証する新メソッドの効果とは？

私たちは、行動をすべて肯定し受容するというラテラルケア（現実肯定支援）を山本さんに実施し、どのような変化が生まれるかを検証しました。

ソファで眠ることを否定し、居室への誘導を行っていたときの平均睡眠時間は8・1時間であり、夜間の覚醒・徘徊についても一日平均3回以上ありました。また、よく眠る日とほとんど眠らない日の差が大きいという特徴もみられました。

その後、山本さんの希望通りソファで眠ることを肯定したところ、平均睡眠時間は9・5時間と長くなり、逆に夜間の覚醒・徘徊の時間は一日平均1・3回と減少。よく眠る日が増え、日による睡眠時間の差も縮まりました。

また、山本さんの行動を否定してしまっていた時期は、夜間の睡眠時間が少なくなることで夕方から傾眠することが多くみられました。しかし、ラテラルケア（現実肯定支援）を行って以降は夕方の傾眠も減少し、その時間は他の入居者と交流を図ったり、フェローの手伝いをしたりするようになったのです。

さらに、ラテラルケア（現実肯定支援）を始めた当初は、ベッドでの入眠時間は全体の25％程度であり、大半はソファでの入眠でした。ところが、ソファで眠ることを肯定し、無理にベッドへ誘導することをなくしたら、逆にベッドで眠る回数が徐々に増え、ベッドでの入眠時間が全体の40％まで増加したのです。

この結果については、ラテラルケア（現実肯定支援）がどのように影響しているか因果関係を証明するまでには至りませんが、「どこで寝ますか？」「お部屋に行って寝ますか？」などと声かけをしながら、フェローが無理強いせずに自然に歩き出すと、山本さんも後ろからついてきて一緒に居室に入り、自らベッドに横になってそのまま眠ることが増えたことを考えると、この支援が何らかの影響を与えていると推測できます。

食事量や食事時間にも変化が見られました。スプーンやお箸で食べることを何度も促していたときは手が止まり、食事量に関しても減少し、食事に集中できないことから食事時間も長くかかっていました。

しかしその後、手づかみで食べるという山本さんの行動を肯定し、手づかみで安全に食べられるよう、手をきれいに洗う、手でつかんでも熱くないように料理を少し冷ますなどの支援に切り替えました。その結果、おいしそうに食べるようになって食事量も戻り、食事にかかっていた時間も短くなり、なにより山本さんに笑顔がみられるようになったのです。

認知症を有する人の行動を受け入れ肯定するラテラルケア（現実肯定支援）は、入居者のストレスを低減させ、結果的に不穏や不安などの改善につながるということが数値的にも明らかになったわけです。

● 今までのケアとラテラルケアの睡眠時間比較

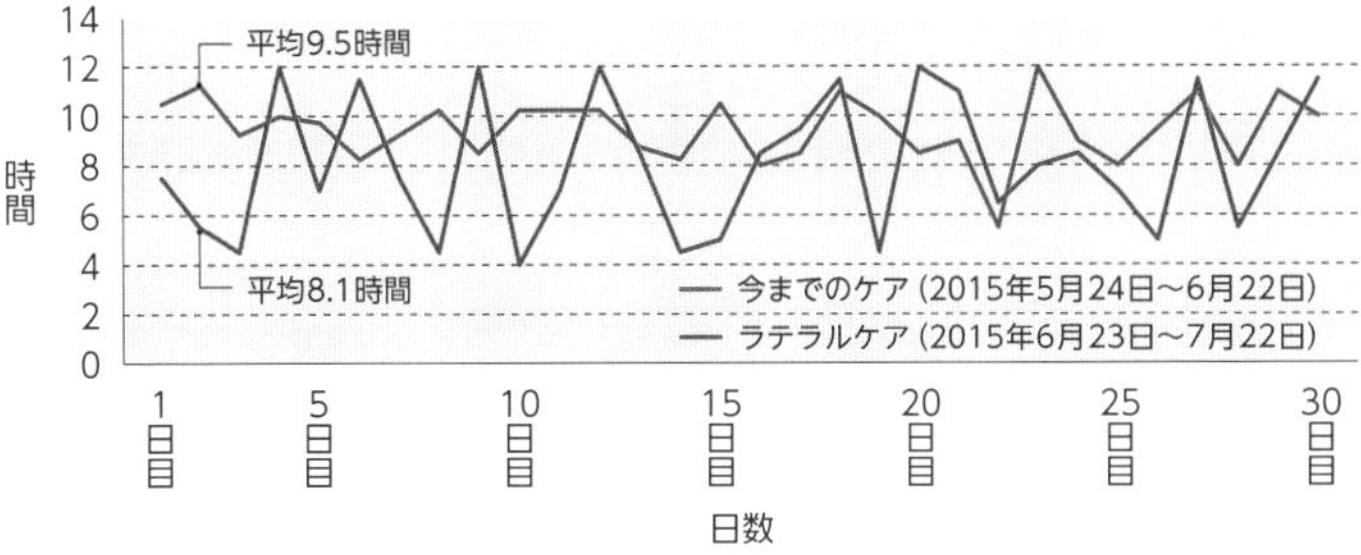

● 今までのケアとラテラルケアで夜間居室から出てくる回数比較

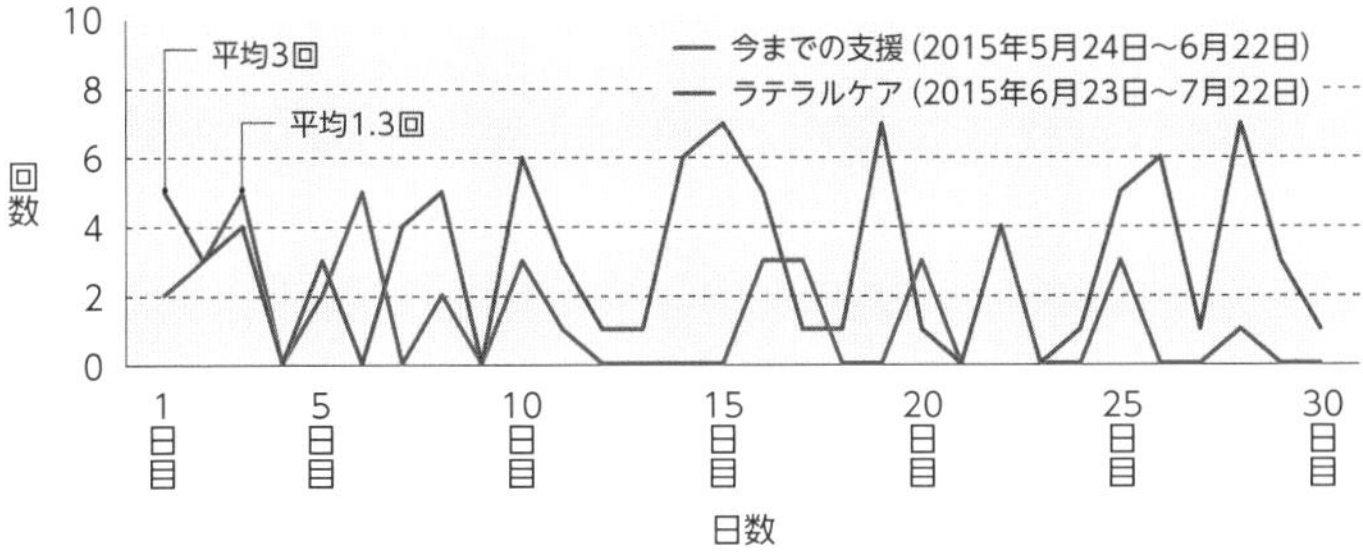

● ラテラルケアを始める前の山本さんの睡眠場所

2015年5月10日〜2015年6月9日

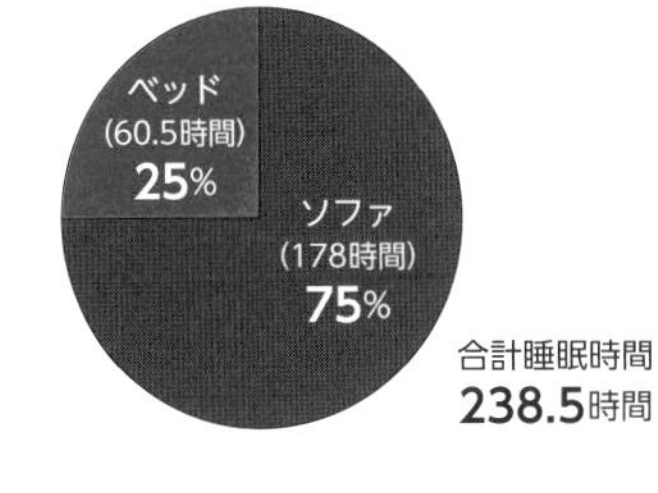

● ラテラルケアを継続して半年後の睡眠場所

2015年10月25日〜2015年11月21日

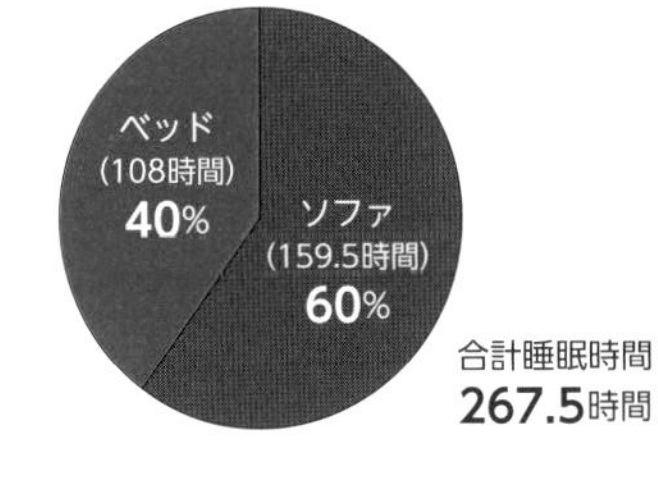

● 今までのケアとラテラルケアの食事摂取量比較

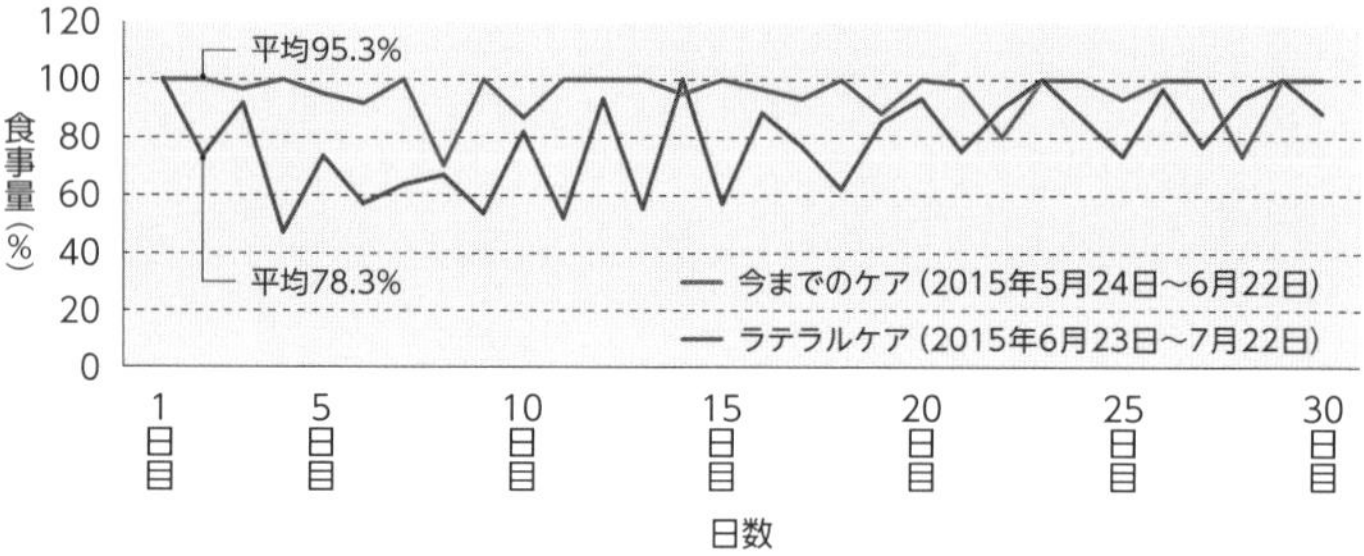

● 今までのケアとラテラルケアの食事摂取時間比較

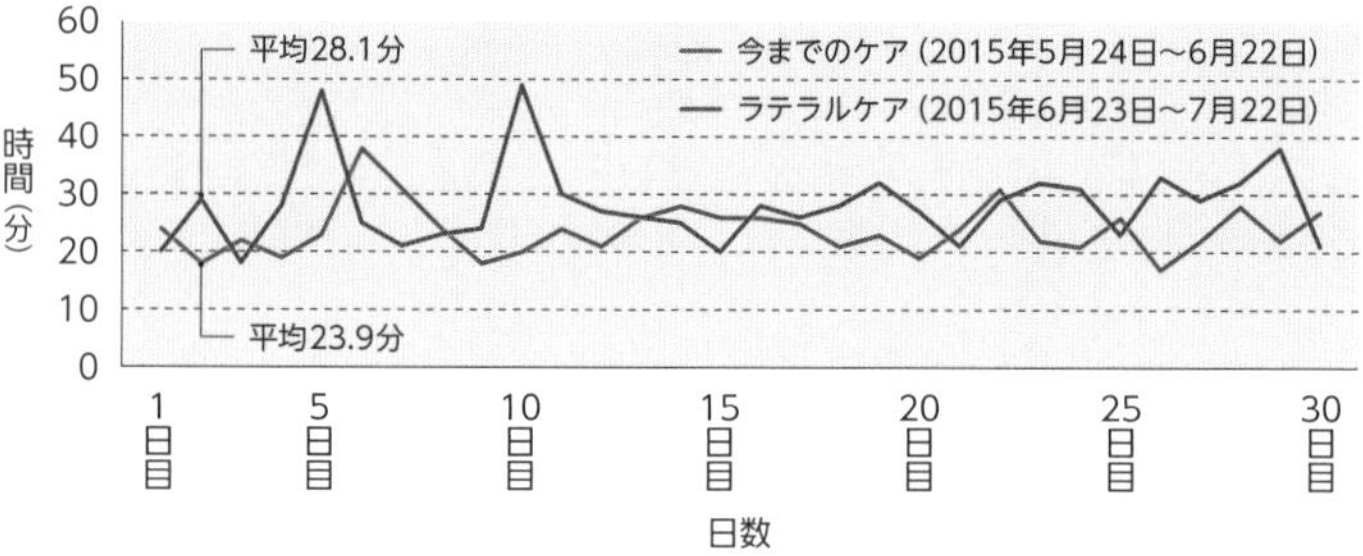

おいしそうに食事を食べる姿が
みられるようになった

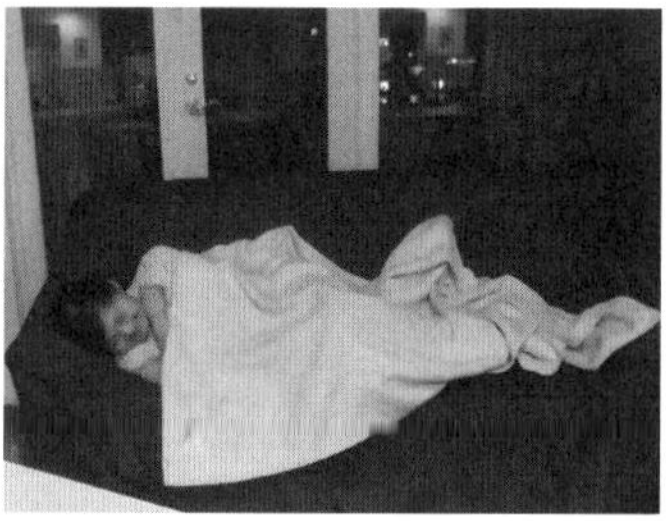

暖かい毛布をかけ、
ソファでぐっすりと眠る山本さん

新メソッド最大の効果～それは入居者と介護スタッフの笑顔

2015年夏、豊泉家グループのR&D発表会において、私たちはこの二つの新メソッドの原形をはじめて明らかにしました。

手づかみで食べることも、ソファで眠ることもすべてを肯定することで、認知症を有する人の「生きるための本能」を引き出すことこそが、真に求められる認知症ケアなのではないか——と。

その発表に会場は騒然となり、「言っていることがわからない」「なぜお箸やスプーンを持たせるのがダメなのか」「介護ではお箸を持って食べてもらわなければダメじゃないか。それができないなら食事介助をすべきだろう」などの批判が続出しました。こうした反応は、私たち介護スタッフがいかに自分たちの常識や「こうあるべき」を認知症を有する人に押しつけてきたかを再認識させるものでした。

数々の批判を受けましたが、私にはこの二つのメソッドが正しいという確信がありました。その判断基準はたった一つ、入居者の表情です。

例えば、お箸を持たせられて食事をしているときと、手づかみで食事をしているとき、どちらのほうが「満足している顔」だろう、どちらのほうが「穏やかな顔」だろう、どちらのほうが「笑顔」だろう、そしてどちらのほうが「人として生きている顔」だろう……。すべては認知症を有する入居者の表情をベースに、私たちの支援がどうあるべきかを考えているのです。

実際、二つの新メソッドを実践する中で、入居者の表情は大きく変わりました。以前は険しい表情や不安げな表情、憤怒の表情などがみられた人が、いきいきとした表情を見せてくれたり、とびきりの笑顔を見せてくれたり、穏やかで安心した表情を見せてくれたりするようになったのです。同時に、入居者の不穏や介護拒否が減少し、入浴率はほぼ100％になりました。

一方、フェローも「こうあるべき」という固定概念をなくすことを常に心がけることで、例えば「お風呂入りたくない」と入居者が言ったら、「じゃあ、後にしましょうか」など対応の仕方が柔軟に変化しました。そして、自らを縛っていた「こうあるべき」を排除することで、入居者と楽しそうにコミュニケーションを図るフェローの姿がみられるようになったのです。時には、入居者とフェローがフロアでキャッチボールをしている姿さえみられます。

以前ならば、私たちは問題が起こらないようにとピリピリしていることが多かったように思います。しかし、今はさまざまな問題が起こることを前提としながら、それをよい意味で楽しめるようになってきた、言ってみればフェロー一人ひとりの、そしてチームの度量が大きくなったように感じます。会話も以前は「こんなことがあって困っている」というネガティブなものが多かったのですが、現在は「こういう発見があった」という前向きでわくわくするものが増えました。

さらに、入居者の家族の声も新メソッドを後押ししてくれています。山本さんはアルツハイマー型認知症と診断されてからもう15年ほどになりますが、山本さんの娘さんは「他の施設に入居しているアルツハイマー型認知症の知人に比べ、母のほうが断然進行が遅く、その差はケアにあるのではないか」と言います。これは、同じアルツハイマー型認知症でもケアが違うと生活機能が衰える速さまで変わること、そして新メソッドによる認知症ケアが有効であることを示す一例といえるでしょう。

実際に、ある入居者は脳のCT（コンピュータ断層撮影）検査をした際、医師から「これだけ脳萎縮がありながら、よくこの生活機能を維持している」と驚かれたことがあります。このように、医学的所見と実際の生活機能は異なることが多々あり、生活機能が維持できるか否かは私たちがどのようなケアを行うかが一つの鍵となってくるのです。もちろん周辺症状の激しい方には、医療によって処方される薬を併用することも重要なポイントとなります。

だからこそ、「ロジカルケア」と「ラテラルケア」の実践を！

特別養護老人ホーム豊泉家 北緑丘において研究・開発した認知症ケアの新しいメソッド――ロジカルケア（事実受容支援）とラテラルケア（現実肯定支援）――はその後、当法人が運営するその他の老人ホームにも導入され、適用範囲を拡大しながら研究、実践、改善を繰り返してきました。

そして2020年5月1日、私はこの二つの新メソッドを活用して認知症パラダイスを実現する実行宣言を全フェローに向けて発表しました。

その一文を以下に紹介します。

たくさんの認知症を有する方の支援を通して私たちが学ばせていただいたことを具現化し、認知症を有しても一人の人として尊厳が守られ、自分の存在や言動が尊重され、可能な限り自由を謳歌できる場所の創造「認知症パラダイスの現実」に向け、私たち豊泉家フェローが一丸となり、これらの支援方法を現場に浸透させ、実践に取り組むことをここに宣言します。

また、「認知症パラダイスとは、そして私たちからのお約束」として、以下の10項目を掲げました。

◎その人の尊厳が保たれていること

私たちは、あなたが継続して社会生活を送る権利を支援します。

◎その人の存在意義が大切にされていること

私たちは、あなたをコミュニティの一員として迎え、役割を担ってもらいます。

◎その人の価値が尊重されていること

私たちは、あなたのとる行動の意味を理解し、優しく受け止め、時には優しく導きます。

◎ストレスのない生活が送れていること

私たちは、あなたの不安を取り除く努力をします。

◎常識という枠組みがなく、多様性が認められていること

私たちは、今、あなたの頭の中にある世界や見えているものを肯定します。

◎さまざまな形で表れる周辺症状を肯定的に理解してもらえていること

私たちは、あなたが抱く不安や困りごとを一緒に悩み考え、解決します。

◎自分を知ってくれている人に囲まれていること

私たちは、あなたの歩んできた人生を学びます。

◎認知症ケアのプロフェッショナルに囲まれていること

私たちは、あなたの生活を成り立たせるために必要なスキルを磨き、的確な支援をします。

◎さまざまな可能性を引き出してくれること

私たちは、あなたの強みやできることを見出し、できる限りあなたの力で活きてもらいます。

◎混乱してしまう原因が除去されていること

私たちは、あなたが混乱することがないよう、支援する側の言行を一致させ、コミュニケーションのあり方を工夫します。

これまでお話ししたように、ロジカルケア（事実受容支援）とラテラルケア（現実肯定支援）は、介護現場の課題を入口とし、現場で起こっていることや行っていることを詳細に分析・研究することで体系的にまとめ上げたものです。単なる机上の理論ではなく、生きた介護現場で磨かれ確立した、革新的な新メソッドです。

もしもあなたが認知症ケアにあたっており、真面目に一生懸命取り組んでも成果が出ないと感じていたなら、ぜひこの新メソッドを実践してみてください。介護現場における16年間の研究・実践から誕生したこのメソッドは、あなたとチームに新たな発見と気づきを与え、入居者と介護スタッフに笑顔をもたらしてくれるでしょう。

新メソッドを実践するためのポイントを知る

では、チームで新メソッドを実践したいと考えたときはどのようにすればよいのでしょう。ここでは、新メソッドを実践する際に押さえておきたい10のポイントを紹介します。

①コミュニケーションのための引き出しを多く持つ

支援を行うにしても、入居者の情報がなければ何も始まりません。家族の理解と協力を得て、コミュニケーションのための引き出しを多く持ちましょう。私たちの見たままの情報だけでなく、家族から情報を得ることでたくさんのキーワードがわかり、支援に結びつけることができます。

②相手の気持ちや行動を察する

認知症を有する人は、訴えを傾聴するだけでは状況や状態が収まらない場合もあります。訴えがそのまま入居者のニーズであれば、傾聴しその訴えに沿った支援を行うことで解決します。しかし、訴えている、つまり表出されているものが真のニーズと違うケースもあります。そのため、表情の変化や行動から真のニーズを察することが重要です。特に目を見ることが大事です。

③コミュニケーションを視覚化する

コミュニケーションを図る際は、言葉だけでは伝わらなくても、見て理解することがあります。例えば、「手を洗う」という言葉が伝わらなくても、洗面台を見ただけで手を洗うことだと認識し、行動できる入居者もいます。入居者が理解できないからといって「言ってもわからない」と考えるのではなく、入居者が理解できるようコミュニケーションを視覚化するなどの工夫をしましょう。

④入居者の行動をすぐに止めない

入居者が行う行動も、すぐに止めるのではなく、情報と捉えましょう。そこから得られた情報と別の情報を結びつけることで、大きな気づきに変わります。

⑤入居者の行動を流さない

入居者の行動をただ見るだけでなく、「何か意図して行っているのではないか」といった視点で見ることで、入居者の行動の意味がわかってきます。

⑥入居者の能力・状態・状況に応じた対応をする

認知症ケアを行うには、入居者一人ひとりの能力・状態・状況に応じて対応することが重要です。コミュニケーションが成立しているか、チャンネルを合わせられているかなどを観察しながら、ロジカルケア（事実受容支援）につなげるのか、それともラテラルケア（現実肯定支援）につなげるのかを考え実践していきます。

⑦うそも方便も時には大切

認知症ケアは入居者が納得できているかが重要です。入居者が納得して穏やかに過ごすためには、うそも方便がよい場合もあります。

⑧入居者にストレスをかけない

ストレスは入居者の状態を間違いなく悪化させます。常識の枠に当てはめるなど、入居者にストレスをかけることは避けましょう。

⑨入居者の「現実」を知る

入居者の「現実」を知って支援を行うには、入居者とチャンネルを合わせることが必要です。チャンネルが合っていない人に支援を行ってもうまくいかず、互いにストレスを感じるだけになります。認知症ケアでは、私たちの都合に入居者を合わせるのではなく、私たちが入居者に合わせるスタンスがもっとも重要です。入居者が不穏になってしまう場合などは、入居者に合わせているか、その人の「現実」を理解しようとしているか、自分自身を振り返ることが大切です。

⑩介護や支援する際は言行を一致する

認知症ケアの基本は、介護や支援する際の私たちの言行を一致させることです。認知症を有していない入居者であれば、私たちの言行不一致に対する不満を訴えることもできるでしょう。しかし、認知症により理解力が低下していたり、ニーズを表出したりすることができない人には、私たちの言行不一致は大きなストレスとなります。私たちは言行一致を常に心がけましょう。

これらのポイントを押さえるだけで、ロジカルケア（事実受容支援）とラテラルケア（現実肯定支援）がすぐに実践できるということではありません。入居者とコミュニケーションを図る中で、二つのメソッドのいずれが適しているかを見極め、その人が本当に求める支援をするのは並大抵のことではないのです。

また、本書を読んでメソッドが理解できても、実践を通して成果を出すのはそんなに簡単なことではありません。この10のポイントを押さえた上で、介護の知識やスキル、そして現場での実践を根気よく積み重ねていただきたいと思います。

家族の理解・協力が、新メソッドの成否を分かつ

新メソッドを実践する上でもう一つ大切なことがあります。それは、入居者の家族の理解・協力を得ることです。

豊泉家では、入居者の家族にロジカルケア(事実受容支援)とラテラルケア(現実肯定支援)について丁寧に説明した上で、例えば「穏やかなお顔で徘徊されているので、運動のためにも歩いていただいています」とか、「ご主人は会社を経営している頃の『現実』におられますから、私たちもそのように演じながら支援しています」など支援の概要を話して理解を求めています。

大多数の家族は理解してくれ、事例でも取り上げたように、中にはご主人が元気に徘徊できるようにおやつを差し入れてくれたり、ご主人の「現実」に合わせて奥さんも演じてくれたりといった非常に協力的な家族もいます。

また、他の施設から豊泉家への転居を考えているという家族が見学に訪れることもあります。最初は手づかみでご飯を食べたり、徘徊するのを私たちが止めないことにみなさんびっくりしますが、豊泉家に入居して「お母さんの顔が柔和になってきた」などの変化を感じることで新メソッドを受け入れてくれます。

そして、このように家族が理解・協力してくれる入居者は、穏やかに落ち着いて過ごしており、認知症の進行も緩やかな傾向がみられます。

しかし、中には「こうあるべき」が非常に強い家族もおり、それは特に同じ介護職である同業者に多いように感じます。例えば、ある家族はおもらし防止とリハビリを兼ねて夜間も2時間おきにトイレに誘導してほしい、認知症状が進行するから尿取りパッドは大きくしないでほしい、ご飯は必ずこれだけの量を食べさせてほしいなどといいます。在宅介護のときもそのようにしていたそうです。

本人の「生きるための本能」としての眠りを大切にしたいと伝えましたが、聞き入れてくれません。話の折り合いがつかず、仕方なく家族の要望通りにした結果、その方は日中も疲れた様子で、表情も乏しく、食欲もなくなっていきました。こうした状況を家族に何度も説明し、ようやく夜間の排せつの回数だけは減らしてもらいましたが、その方にとってはまだまだつらい状態です。

このように、本人のためと思って家族がやっていることが、実は認知症の進行を速め、生きる気力を奪っているケースは多々あります。介護職ということで、これまでの知識や経験から培った「こうあるべき」が根強くあるのでしょう。加えて、「私が世話をしてきたのだから、私のほうがお母さんのことを知っている」といった気持ちが強いのだと思います。

しかし、豊泉家では、「こんなに穏やかな表情の父をはじめて見ました」「母のあんな笑顔を見たのははじめてです」と面会に訪れた家族が驚く様子が頻繁にみられます。家族だからこそ知っていることもたくさんあるけれど、家族だからこそ知らなかったこともたくさんあるのです。

いずれにしても、介護スタッフは家族の考え方が認知症を有する人の心身状態に大きな影響を与えることを再認識するとともに、新メソッドを実践する際は家族の理解・協力を得るよう最大限の努力をすることが大切です。

第五章

認知症ケアは、もっと楽しく幸せになる!

入居者が本当にリラックスして受けられるケアとは？

認知症を有する人のQOLの9割は、環境と介護スタッフの支援で決まる――。そう言っても過言ではありません。

プロローグでは、私が認知症を有する人にとってのパラダイスをつくりたいと考えたきっかけの一つとして、豊泉家に入居している小林さんのお話をしました。ショートステイでは認知症を有しない入居者から心ない言葉を投げつけられて元気をなくしていた小林さんが、豊泉家の認知症を有する人が生活するフロアで暮らし始めたら明るく元気になり、他の入居者のお世話までしてくれるようになったという事例です。この事例が示すように、その人の能力とうまくマッチングし、周囲の人たちも認めてくれる環境のほうがQOLは確実に高まります。

また、認知症を有する人が生活するフロアだからといって、余計なものをすべて取り払った無機質で殺風景な環境では、心穏やかに生活することなどできないでしょう。もちろん危険は取り除かなければなりませんが、その上で心地よいと感じられる環境、人間としての尊厳を感じられる環境を整えることが大切です。

もう一つは、私たち介護スタッフの支援です。

大前提として知っておいてほしいのは、スタッフが「しんどい」と思う支援は、ほぼ間違いなく入居者にとっても「しんどい」ということです。例えば、入居者を車椅子から椅子に移乗する際に、スタッフが「しんどい」とか「痛い」と思ったときは、入居者もしんどかったり、痛かったりしているのです。つまり、支援がうまくいっていないということです。

これは身体介護による身体の痛みに限ったことではありません。認知症ケアが「うまくいかない」「しんどい」とスタッフが思っているときは、間違いなく入居者も「しんどいな」「伝わっていないな」などのストレスを抱えており、認知症を有しているためにそのことを表現することができないだけなのです。在宅介護も同様で、家族が認知症ケアにしんどくなるほど熱心に取り組むと、ケアを受けている人も間違いなくしんどい思いをしています。

誤解を恐れずにいえば、私は介護をする人自身がリラックスしてやれるケアこそが、介護を受ける人が本当にリラックスして受けられるケアだと考えています。別の言い方をするなら、肩の力を抜いて、もっと自然体でできるケアこそが、相手も肩の力を抜いて受けられるケアなのではないかと思うのです。

リラックスしてケアをするための秘訣は、今目の前で起こっていることをそのまま受け止めることです。「なんでそんなことをするの？」「どうしてそうなるの？」とネガティブに考えず、「ああ、そうなんだ」とそのまま受け止めるのです。介護において大切なのは、つらくてもがんばり抜く忍耐力よりも、そうやって物事を大局的に見ることのできる大らかさだと思います。

そして、入居者が本当にリラックスして向き合えるスタッフがいれば、入居者はとても楽だと思いますし、対するスタッフもすごく楽になるはずです。

「こうあるべき」を捨てると見えてくる本当に大切なもの

豊泉家の新卒フェローたちに新人研修をしていた際のことです。研修最終日に何か質問はないかと聞いたところ、一人の男性フェローが「自分は介護の専門職として失格だと思います」と深刻な面持ちで言いました。

彼の話はこうです。自分は、入職までの実習で障がいを有する人の支援にあたってきたが、相手に暴言を吐かれたり、相手に叩かれたりすると、心の中でカチンとくることがあった。そんな自分は、介護の専門職として失格だと思う――。

しかし、その考えは間違っています。介護の専門職である前に、私たちは人間です。たとえ病気や障がいがそうした暴言や暴力をさせたのだとしても、嫌なことを言われたり、叩かれて痛かったりすればカチンとくることはあります。だから、カチンときたことによって、介護の専門職として失格だなどと思う必要はまったくありません。

そうではなく、普通の人ならばカチンときて「何をするんだ！」となるところを、カチンときながらもその感情をコントロールし、「なぜこうなったのだろうか」と相手の行動を受け止めて考えるのが本当のプロだと私は思います。

同じように、特に入職1～3年目のスタッフは使命感に燃えている反面、経験が浅く柔軟性が養われていないぶん、「入居者のすべてをわかってあげなければダメだ」と考え、自分を追い込んでいる人が多いように見受けられます。

実は、私自身も若い頃は「入居者のことをわかってあげられない自分はダメなのかもしれない」と悩んだ時期がありますが、経験を積めば積むほど「わからないことはあって当然だ」ということが理解できるようになってきました。

例えば、私が介護現場に携わっていたときからつき合いのある障がい者の男性がいます。私が彼にはじめて会ったのは彼が小学生のときで、今は30歳ですから20年以上のつき合いです。私は彼のことを心から信頼しており、彼も私を信頼してくれています。それでもいまだにわからないこともありますが、私はそれが人間として当たり前だと思っています。

それは、夫婦や親子でも同様でしょう。いくら親しくても、いくら血がつながっていても、相手のことを100%わかることなどありません。ましてや赤の他人の入居者と介護スタッフがいきなりわかり合えるはずなどないでしょう。ところが、介護の現場では、入居者のことをわからないのは悪だと思い込み、自分自身を追いつめがちなのです。

私は、入居者のすべてをわかってあげることがプロだとは思っていません。プロとは、どうやったらお互いがわかり合えるかという、この努力の部分にさまざまなテクニックと熱意を持っている人のことをいうのだと思います。

入居者も一生懸命に伝え、スタッフも懸命に聞いて理解しようとしても、それでもわからないときはあります。わからないことがあったとしてもいいのです。どうしたらわかり合えるか、どうしたら信頼関係を築けるか、それを考え実践し続けられる人こそが本当のプロだと私は考えています。

「こうあるべき」に縛られていると感じる介護スタッフは、それを意識的に捨てて肩の力を抜いてみてください。肩の力を抜いて、自然体で考えることで、プロとして本当に大切なことは何かが見えてくるはずです。

完璧がすべてではない！　バトンタッチできることもプロのスキル

介護スタッフの中には「入居者から介護拒否をされることなく、自分だけで何でも完璧にできなければいけない」という思いが強い人もいます。これも介護スタッフが抱きがちな「こうあるべき」の一つです。

そんなふうに思い込んでいると、介護拒否をされたときはプライドが傷ついたり、自己嫌悪に陥ったり、逆に拒否する入居者に対して憤りを感じたりするものです。そして、入居者の意思を無視してやり通そうとしてしまいがちです。それではスタッフも入居者もお互いにイライラし、ストレスが溜まっていくでしょう。まさに、不幸せな介護です。

もちろん、入居者に受け入れてもらえるよう努力することは大切です。しかし、相手ありきのものですから、どんなにがんばっても無理なときは無理なのです。確かに、ベテランになればなるほど介護拒否をされる回数は減少する傾向にありますが、ベテランでも受け入れてもらえないことはあります。

そういうときは瞬時にスイッチを切り替え、「今日はどうやっても合わないみたいなので、代わってもらえますか。横で受け入れられる努力はしますので」などと誰かにバトンタッチするのもプロとしての一つのスキルです。入居者がどんなに嫌がってもやり通すのがプロなのではなく、入居者と自分の波長を見極め、お互いにとってよりよい選択をするのが本当のプロだと思うのです。もちろん、よりよい選択として他のスタッフに代わってもらったとしても、いつか入居者に受け入れてもらえるように努力を重ねることは言うまでもありません。

また、介護スタッフはチームで支援にあたっているということを忘れないでください。「自分だけで完璧にできなければいけない」と肩肘張るのではなく、もっと肩の力を抜いて、無理なときは助けてほしいと言い合えるチームをつくることこそが、介護スタッフも入居者も幸せな認知症ケアにつながるのです。

「視点」「視野」「視座」の3つを意識して見方を変える

では、もっと肩の力を抜いて、自然体で入居者の支援にあたるにはどうしたらよいのでしょう。そのためには、フレームを外して見ることが重要です。私たち専門職はとかくカチッとしたフレームの中で物事を見がちで、一方向から見たものを絶対に正しいと思い込む傾向があります。

「6」という数字を思い浮かべてみてください。一方向から見ると「6」は「6」のままですが、そのフレームを外して「6」を逆さまにしてみたら「9」になります。さらに、「6」を右に90度回転してみたら、平仮名の「の」になります。見え方を変えると、違うものが見えてくるのです。

私たちがロジカルケア（事実受容支援）とラテラルケア（現実肯定支援）という二つの新メソッドにたどり着いたのも、見方を変えたからです。

認知症を有する以前の姿に近づけるのが入居者のためと信じてきましたが、お箸を持たせ続けたらどんどん険しい表情になっていき、逆に手づかみで自由に食べてもらったら笑顔でおいしそうに食べている。「これはいったいどういうことなのか⁉」という疑問を持ったのがそもそもの始まりでした。

そして、私たちは見方を変えたのです。これまで「自分たちが信じてきたやり方」を出発点とした認知症ケアを実践してきたが、入居者が本当に求めているのは「入居者の笑顔」を出発点とした認知症ケアなのではないか——と。この発想の転換がなければ、新メソッドにたどり着くことはなかったでしょう。

見方や考え方を変えていくには、「視点」「視野」「視座」の観点から変えていくことが大切です。どこに基準を置いて見るか、どの幅で見るか、どの立場から見るか。この3つをさまざまに組み合わせながら見ていく中で、新しい発見があるのです。

視点でいえば、認知症を有する人を見るときでも、病気を抱えている人として見るだけでなく、一人の人間として見ることも必要ですし、支援を受ける人として見るだけでなく、誰かの役に立っている人として見ることも重要でしょう。

視野でいえば、専門職は特に視野が狭くなりがちです。例えば、介護拒否をされてイライラするのは、目の前の入居者しか見えていないからです。しかし、視野を広げれば、バトンタッチしてくれるスタッフもいるし、いったんその場を離れて気持ちを落ち着かせる時間もあるのです。

そして視座でいえば、例えば今自分が何をしなければならないかではなく、入居者が何をしてほしいかを考えることが大切です。もちろん、教科書にも相手が何をしてほしいかを考えて支援にあたると書かれてはいますが、日々の仕事に追われて知らず知らずのうちに自分の都合を優先させていないか、私たち介護スタッフは今一度振り返ってみる必要があります。

介護スタッフの錯覚〜理解していると行動できているは違う！

もう一つ、介護スタッフに再点検してほしいことがあります。これまでも何度か述べてきましたが、頭で理解していることと実際の行動が違っていないか、すなわち言行不一致になっていないかということです。

歩いている人に「どうされましたか？」「どこに行かれますか？」と聞きながら、すでに手を握り介護スタッフがいてほしい場所に誘導するなどが言行不一致の一例であり、以前の豊泉家でもよくみられた光景です。

さて、みなさんは一円玉をよくご存じですか？

おそらくほぼすべての人が「よく知っている」と答えると思います。

では、一円玉の絵柄を正確に描くことはできるでしょうか？

たいていの人は一円玉を正確に描けないのではないでしょうか。一円玉を理解していることと、それを正確に描写できることとはまったく別ものなのです。同じように、頭で理解していることと、それを行動できていることとはまったく別です。そして、私たち介護スタッフは、理解できているのだから行動できていると錯覚を起こした瞬間にアウトだと思います。

例えば、入居者の立場に立つことが大切ということは教科書でも習いますし、すべての介護スタッフが頭では理解していることでしょう。しかし、私自身の経験からも言えますが、時間もスタッフの人数も限られた中で介護にあたっていると、目の前の達成しなければならない業務に集中しがちになるものです。

例えば、これからある入居者の居室に行っておむつ交換をしなければならないとします。そんなとき、業務を達成することだけに集中し、居室に向かう途中で別の入居者に話しかけられても「ちょっと待ってくださいね」と受け流してしまう。さらに忙しくなってくると、入居者がソファに座って何か言いたそうにこちらを見ていても目もくれなくなってしまう……。そんなことはないでしょうか。

私もずっと現場の第一線にいましたから、介護スタッフが忙しくて大変なのはよく理解しています。しかし、業務を優先するあまり、入居者の立場に立っていないというのはやはり正しくないことです。そして、それを正しくないと思いながらやるのか、それともそんなことを疑いもせず、目の前の作業を単に黙々とやるのかで話はまったく変わってきます。

つまり、入居者に話しかけられたら本来は立ち止まって話を聞くべきだけれども、「すみません。どうしても行かなければいけないので、ちょっとお待ちいただけますか」と申し訳ないと思いながら居室へ向かうのか、「少ない人数で時間に追われながらやっているんだから、いちいち相手にしていられない」と自分の行動を正しいと思いながら居室へ向かうのか——。やはり私たち介護スタッフは「ちょっとお待ちください」と言いながらも申し訳ないという気持ちをどこかで持ち続けなければならないと思います。同時に、私たちは頭で理解していることが本当に行動につなげられているかを日々意識的に確認していく必要があるのです。

目の前で起きている事実を受け入れれば、みんなが楽になる

肩の力を抜いて、リラックスして支援にあたることが、入居者にとっても介護ス

タッフにとっても幸せな認知症ケアだというお話をしました。

こんなことを言うと非難を受けるかもしれませんが、私は認知症を有する入居者が突拍子もない行動をしたら、みんなで普通に笑ったらいいと思っています。

もちろん、バカにしてゲラゲラ笑うのではありません。入居者の行動を受け入れ、ほがらかに微笑むというのでしょうか。そういう笑いはとても大切だと思います。逆に、突拍子もない行動をしているのに、「大丈夫ですよ。何も問題ありません」などという、とってつけた対応をするほうがよほど不自然でしょう。

認知症ケアでは、入居者のことを決して笑ってはいけないとみんな思っているかもしれません。しかし、認知症を有している人だからと腫れ物に触るように扱うのではなく、突拍子もないことをしたら「大丈夫ですか」と言いながらニコニコと微笑んでもいいと私は思うのです。実際、豊泉家では、突拍子もないことをした入居者とフェローが一緒になって笑っているときがあります。

そうした対応をするには、今目の前で起きていることを否定せず、今目の前で起きている事実をそのまま受け入れることが大切です。

例えば、入居者が廊下で放尿したとき、「廊下で放尿などするべきではない」と目の前で起きていることを否定するとスタッフ自身がストレスを感じ、「廊下でおしっこをしてはダメですよ」と否定的な声かけになります。

しかし、起きたことを事実として受け入れ、「この人はおしっこがしたかったんだな」と考えたらどうでしょう。そう考えることでスタッフ自身の気持ちが和らぎ、「すっきりしましたね」「トイレに行きたかったんですね」とニコニコと笑いながら言えるのではないでしょうか。言うなれば、今目の前で放尿をしてしまった人の行動をすべて肯定する声かけができるのです。

もちろん、放尿をそのまま放置してもいいと言っているわけではありません。介護スタッフとして入居者を本来のトイレに誘導できるよう知恵を絞らなければなりませんし、介護の現場ではみんな一生懸命努力していることでしょう。

しかし、いくら努力してもうまくいかないことだってたくさんあります。一生懸命取り組んだのにうまくいかなかったとき、その反動として「どうして廊下でおしっこをするんですか」といった否定的な声かけになりがちです。そうなると、スタッフも入居者もしんどい思いをすることになります。

そうではなく、努力はしながらもうまくいかなかったときは、目の前で起きた事実を受け入れる。その上で相手の立場になって考え、「すっきりしましたね」とほがらかに笑う。そして、また入居者にトイレの場所を理解してもらえるよう知恵を絞って努力を続ける――。そういうふうにしたら、介護スタッフも入居者も本当に楽になると思うのです。

介護される人も、介護する人も、もっと幸せになるために……

50名の入居者がいれば、50通りの人生や生き様、個性、こだわり、主張、願い……、そうしたさまざまなものがまるでおもちゃ箱をひっくり返したように入り混じっているのが、認知症を有する人にとってのパラダイス、すなわち「認知症パラダイス」だと私は思っています。

パラダイスでは、日々さまざまなハプニングが起こります。それぞれ異なる「現実」を生きている入居者が一緒に生活しているのですから、ハプニングが起こるのは当然でしょう。そして、ハプニングは起きていいのです。ハプニングを起こせるのがパラダイスなのですから。

こちらでは「財布を盗まれた！」とめちゃくちゃ怒っていたり、こちらでは黙々と徘徊していたり、こちらではずっとケラケラ笑っていたり……。さまざまな「現実」や感情が入り混じりながらみんなが一つ屋根の下で暮らしていて、どんな言動に対しても「そういうこともあるよね」という思いの中で肯定し認め合う。

そういうふうに、日々起こるハプニングをみんなで受け入れて楽しめるように変えていけたら、介護する人にとっても介護される人にとっても認知症ケアは楽しく幸せなものになっていきます。そして、介護スタッフは、この仕事の楽しさ、すばらしさ、尊さをもっともっと感じられるようになることでしょう。

認知症患者数は年々増加しており、団塊の世代が75歳以上となる2025年には65歳以上の約5人に1人を占める見込みといわれています。

そんな今だからこそ、介護スタッフは認知症ケアをもう一度見つめ直してみてほしいと思います。そして、どうか肩の力を抜いて、入居者もスタッフ自身も楽しく幸せになれる認知症ケアへと舵を切ってください。

認知症を有する人が決して否定されず、今のありのままを受け入れられ、人間としての尊厳を守られ、安心して暮らせる場所、認知症を有する人も介護スタッフも幸せでいられる場所、そして自分や家族が認知症になったら生活したいと心から思える場所の実現に向けて――。

おわりに

最後までお読みいただき、ありがとうございました。

これまで私たちに自らの身をもって多くの気づきを与えてくれた入居者・利用者に心から感謝いたします。みなさまがいてくださったからこそ、私たちは認知症ケアの新しいメソッドに行きつくことができたのです。

たくさんの思い出がありますが、その中でも私に大きな影響を与えてくれた入居者がいます。私がまだ現場で施設長をしていた頃に、74歳で入居してきた岡田耕三（仮名）さんという男性です。

岡田さんは会社の役員を務めているときに認知症を発症して退職し、その後、奥さんを亡くしました。自分では片づけができずに自宅はごみ屋敷状態となり、買い物も食事をつくることもできなくなったため、妹さんから入居の相談があったのです。

入居後も毎日スーツとネクタイを着用する岡田さんは、半分はまだ現役時代と錯覚しているように見え、もう半分は隠居生活をエンジョイしているように見受けられました。見た目だけでは認知症とわかりにくいのですが、ときどき目の前の状況がのみ込めなかったり、不穏になったりすることがありました。

私たちはスーツ姿の岡田さんがいつか来訪者に紛れて出ていくのではないかと危惧し、重点的に居場所確認を行っていました。しかし、その矢先、フロアを巡回していたフェローから岡田さんが見当たらないという連絡が入ったのです。建物内を探しましたが見つかりません。私は離設（無断で施設から出ていくこと）と判断して警察に連絡するとともに、手分けして捜索するようフェローに頼み、その中の一チームには岡田さんの自宅で待機してもらうことにしました。

1時間経ち、2時間が過ぎても、警察からも捜索チームからも連絡は来ず心配が募ります。3時間が経過した頃、ようやく岡田さんの自宅で待機していたチームから連絡が入りました。

前方から岡田さんがフラフラした足取りでこちらに向かってきているといいます。岡田さんは上機嫌で少しお酒の匂いを漂わせています。よくよく話を聞くと、焼き肉を食べたくなったので焼き肉屋に行き、それから自宅に戻ってきたということです。その後、豊泉家に戻っても、岡田さんはまるで何事もなかったかのように普通に過ごすのでした。

以来、私たちは岡田さんの居場所確認を強化しましたが、ある日の昼食後にふたたび離設してしまいます。フェローが外を歩いている岡田さんを発見して急いで追いかけたのですが、追いつく直前で岡田さんはタクシーに乗り込んでしまいました。すぐに警察に連絡し、手分けして捜索しましたが見つかりません。

夜9時過ぎ、豊泉家に1本の電話が入りました。タクシーの運転手からで、今大阪のミナミにいて、乗車した客に「ここに行ってくれ」と豊泉家の名刺を渡されたといいます。岡田さんです。私たちは連絡に感謝し、タクシーで岡田さんを連れてきてもらうことにしました。

岡田さんは、何かを察したようにばつの悪そうな顔でタクシーを降りてきます。私たちは「どこに行っていたんですか」と聞きたい気持ちをぐっと抑え、「お帰りなさい」と岡田さんを迎えました。

岡田さんは少し照れ臭そうに微笑みながら、「いつもの店で飲んでいた」と言います。そこは、会社に勤めていた頃によく通っていた店とのことです。実際はわかりませんが、そのときの岡田さんの表情は本当に満足そうでした。

岡田さんが眠った後、こっそり持ち物を確認すると、豊泉家の近くにある寿司屋のレシートが入っていました。岡田さんは寿司を食べた後にミナミへ飲みに行き、タクシーで帰ってきたのだと思います。また、タクシーの運転手に渡した名刺は豊泉家のフェローのものでした。入居時に担当者が渡した名刺をずっと持っていたのでしょう。そして、なぜか「豊泉家に帰る」ことはわかっていたのです。

3度目の離設はあってはならないと考え、私たちは玄関や庭にもカメラも設置し、岡田さんにGPSを持ってもらって居場所の確認を行いました。合わせて、行きたいところややりたいこと、心配事などはないかを常に確認し、お寿司が食べたいという希望があれば、フェローが付き添って寿司屋で食事をしました。

日々の生活でもダイニングでお茶を飲みながら何度も同じ新聞を眺めて穏やかに過ごしており、さすがにもう大丈夫だろうと思っていたある日の夕方、岡田さんが3度目の離設をしたのです。カメラを確認すると今さっき出ていったことがわかりました。GPSも確認しましたが、電源が入っていません。警察にも協力を要請し、私たちも何チームかに分かれて捜索しましたが見つかりません。

夜10時過ぎ、岡田さんは一人で歩いて豊泉家に帰ってきました。玄関で私たちが迎えると、「えらいお出迎えで」とおどけたように言います。岡田さんが眠った後に持ち物を確認すると、タクシーの領収証が入っていました。きっと近隣でタクシーを降り、歩いて豊泉家に帰ってきたのでしょう。

その後、岡田さんはがんが発覚し、ADLが急激に低下して、最期は豊泉家で看取りました。今振り返っても岡田さんの認知症はかなり進行していて、とても自力では帰ってくることができない状態だったと思うのですが、1回目は自宅に、2回目と3回目は偶然も重なってか豊泉家に帰ってきました。

このとき、岡田さんはどの時代のどんな「現実」を生きていたのでしょう。今となっては知るすべもありませんが、とにもかくにも豊泉家に帰ってくるときの岡田さんの顔はいつも満足そうでした。そして、心配していた私たちが「お帰りなさい」と言葉をかけると、少しお酒の匂いをさせた岡田さんはいつも下を向いてはにかみながら、どことなく嬉しそうな顔をするのでした。

今思えば、豊泉家に入居してからの2年間、岡田さんはまだ現役で仕事をしていたつもりだったのでしょう。そして、疲れたときや何かを思ったときに、ふと現役時代によく行った街を思い出し、自分へのご褒美と疲れを癒やすためにフラッと出ていったのだと思います。携帯電話につけたGPSの電源を切ったのは意図的か偶然かわかりませんが、もしかしたらいろいろなしがらみから解放されたいという気持ちの表れだったのかもしれません。

離設を肯定しているわけではありませんし、入居者の命をないがしろにするつもりもありません。離設を防ぐために私たちができる精一杯のことをしますし、入居者の命をなにより大切にしています。

でも――と私は思うのです。岡田さんは最後の最後に自分の意志でどうしても外に行きたかったのだと思います。そういう入居者の気持ちを大事にしたい、また本人の自尊心を維持したいという考えから、私たちはたとえリスクがあったとしても岡田さんに財布を持ち続けてもらいました。

そして、私は岡田さんが人生の最後まで自分の思う生活が営めたこと、自分の意思で豊泉家に帰ってきてくれたことを今でも嬉しく思っています。

もう一人、私に大きな影響を与えてくれた人がいます。それは、祖母です。

1912年、明治45年生まれの祖母は、高等小学校を卒業後、アモイで商売をしていた叔父に招かれ10代後半から20代前半の数年間を現地で暮らしました。若い頃から洋裁や生け花、お琴など多岐にわたる習い事をしていたそうです。

22歳頃に結婚して3男2女をもうけますが、第二次世界大戦中の1943年から44年頃にかけて長男（4歳前後）と次男（2歳前後）を感染症のために立て続けに亡くしました。祖母が「今の時代だったら死ななくてすむ病気なのに」と悔しそうに話していたのを今でも覚えています。また、祖母は気丈な性格で、「辛抱する、感謝をする、人の役に立つ」ことの大切さをことあるごとに私に言い聞かせました。

よい時代もつらい時代も、楽しい思いも苦しい思いもたくさん経験してきた祖母から本当にたくさんのことを教えられましたが、最後に祖母が身をもって私に教えたことがあります。当時はピンとこなかったのですが、今こうして認知症ケアを改めて考える中で、祖母に教えてもらったことがすべてにつながっていることを実感します。

とてもしっかりしていた祖母に、家族にしかわからない程度の認知症状が出始めたのは1990年、祖母が78歳、私が14歳のときでした。近所の集会にも積極的に参加しており、近所の人たちは何の違和感も持っていなかったと思います。また、内科や整形外科、眼科、耳鼻科などにも定期的に通っていましたが、いずれの病院からも認知症を疑われることはなく、年相応の物忘れと考えられていたようです。

その後、祖母の認知症は進行しますが、老人性痴呆(当時は認知症ではなく、痴呆症と呼んでいた)と言われるだけで、それ以上の検査も薬もありませんでした。そして、つじつまの合わない言動が徐々に増え始めます。私が学校から帰ると、祖母がテーブルの上にお菓子やお茶をたくさん並べ、ぶつぶつと何かつぶやいています。何があったのかと聞くと、けがをしている子どもたちが玄関にたくさん来ていて、お腹を空かせているから食べさせてあげるのだといいます。時には、庭に包帯を巻いて倒れている人がいるから救急車を呼んでほしい、道で人が死んでいるから市役所に連絡してほしいと脅えたように言うこともありました。

今思えば、認知症による幻覚や幻聴により、「事実」と祖母の「現実」に相当の乖離が起こっていたのだと考えることができます。しかし、当時の私はそうした言動を受け止めることができず、祖母に「そんなことないよ、変なことを言ったらダメだよ」と事実ではないということを伝えるだけでした。祖母は私が面倒くさがって嘘をつき、自分をあしらっていると受け止めたのか本気で怒っていました。

そんなとき、母が祖母の言動を受け止め、「わかった。警察に連絡しておくね」とか「不安だったね。もうみんないるから大丈夫よ」などと声をかけると、祖母はほっとしたような表情を浮かべました。自分の言っていることや行動が理解されたことに、心から安心したような表情でした。

さらに1年を経ると祖母の認知症はかなり進行し、直前の記憶もすぐに忘れるようになっていきました。しかし、私たち家族の顔や名前はしっかりと記憶していました。

そんな頃、何気ない家族の会話の中で、私は祖母に「日本でいちばん高い山は何?」とクイズを出しました。祖母はちょっと考え、それから自信たっぷりに「新高山」と答えました。私たちは一瞬「えっ」と思いながらも笑いました。たった一人、祖母を除いて……。

言い間違えたのかと思い、半分面白がってもう一度聞いてみましたが、祖母はもう一度はっきりと「新高山」と答えました。私は「日本一は富士山。これは常識、歌にもあるやろ。おばあちゃんは日本一の山もわからなくなったのか」と笑いながらも、とても悲しい気持ちになったことを覚えています。

その後、祖母の認知症はさらに進行し、明らかに混乱して不安そうな顔をしていることが増えていきました。ある日のこと、近所に出かけた祖母が2時間ほど経っても帰ってきません。心配して家の前に出てみると、道の脇に座り込んでいます。駆け寄って「どうしたの」と声をかけると、祖母は「歩き方がわからなくなった」と悲しそうに答えます。

歩き方がわからない？　祖母の言っていることが理解できませんでした。自分自身の混乱を必死で抑えようと、私は「何を訳のわからないことを言っているの」と祖母を責めてしまいました。

介護などしたことのない私でしたが、このときは祖母を必死に起こして後ろから支え、「右足、左足」と声をかけ、手で祖母の足をポンポンと軽く叩きながら数メートルを一緒に歩いて家に入りました。呆然としている祖母と、とにかく必死の私がそこにいました。ところが、ふとした拍子に祖母は歩き始め、家族が帰宅してそのことを話す頃には祖母はもう普通に歩いています。家族みんなが大混乱です。何が真実なのか、まったくわかりません。

そして、祖母が80歳になった秋、私は高校の修学旅行で3泊4日の沖縄の旅に行くことになりました。出発のとき、祖母は家の門のところまで来て、お小遣いを渡しながら「賢一、気をつけてね。楽しんでおいでね」と見送ってくれました。歩いている祖母を見たのは、それが最後でした。

修学旅行から帰ってきたとき、祖母は寝たきりになっていました。玄関先で母から祖母の状態を聞かされましたが、それでも信じることができません。先日のようにまた歩けるようになるのではないかと思いながら、祖母の部屋へ行って「ただいま」と声をかけました。祖母の反応はありません。声がするほうに少しだけ目を向けるものの、目はうつろで、明らかに私のことをわかっていませんでした。

2週間が過ぎた頃、学校から帰ってきて祖母の部屋へ行くと、幼くして亡くなった長男と次男に今会ったんだと祖母が母に一生懸命訴えていました。祖母は涙をぼろぼろ流しながら、しかし悲しいというよりは何だか嬉しそうに、「二人ともすごく立派になっていた。安心した」と言います。当時の私には訳がわかりませんでしたが、なぜか私も何となく嬉しい気持ちになりました。不安ではなく、安堵した祖母の表情を久しぶりに見ることができたからだと思います。

それから、約2週間後の1992年の冬、祖母は私のことを思い出すことなく80

歳で旅立ちました。介護保険制度が導入される8年前のことです。

それから28年——、たくさんの入居者・利用者にさまざまな経験をさせていただきながら、認知症ケアの新しいメソッドを豊泉家の仲間たちと確立しました。このメソッドから当時の祖母の言動を捉えることができれば、祖母がどんな時代を、どんな「現実」を生きていたのか、もっと深く考え、寄り添い、すべてを受け止めてあげられたはずです。

おばあちゃんへ

あのとき、おばあちゃんは戦時中にタイムスリップしていたんだろうね。おばあちゃんの言う通り、その時代の日本一高い山は「新高山」でした。今なら「正解」と言ってあげられる。

おばあちゃんは半世紀以上もの間、息子二人を亡くしてしまったことへの無念さを抱き続けていたんだね。だから、立派に成長した二人がおばあちゃんの前に現れて、おばあちゃんの人生の納得度を後押ししたんだろうね。二人が立派に成長したことを確認できたおばあちゃんは、本当に嬉しそうだったもんね。

　最後に母としての役目を果たせたことが確認できたんだね。ずっと心残りだったことが、認知症のおかげで晴れて納得することができたんだね。


　祖母をはじめ、これまで入居・在宅サービスを含め豊泉家をご利用いただいた1万人を超えるシニアのみなさまから、私たちはたくさんの経験をさせていただきました。

　この間、うまくケアができなかったこともありました。満足に至らなかった方たちもおられることと思います。

　さまざまな変遷をたどり試行錯誤を重ねた結果、みなさまのご理解やご協力のおかげで、認知症ケアの二つの新メソッドを確立することができました。しかし、よりよい認知症ケアの追求に終わりはありません。認知症パラダイスは永遠の未完成なのです。

　これからも認知症を有する方、その家族、そして豊泉家のフェローみんなで認知症パラダイスを創り続けていきます。

認知症を有する方と真摯に向き合い支援をしている介護スタッフや家族の方をはじめ、認知症ケアに携わるすべてのみなさまに敬意を表するとともに、一人でも多くの認知症を有する方が安心して暮らせる環境を願って——。

2020年9月

阿久根賢一

認知症ケアプロジェクトのメンバー

認知症ケアプロジェクトのメンバーの声

阿久根賢一（あくね・けんいち）　上記写真・前列中央

著者であるため、コメント割愛。

早田陽彦（はやた・はるひこ）　上記写真・後列左より2番目

無意識による悪気のない介護者の価値観の押しつけが、実は認知症の方に大きなストレスを与え、意欲の低下を招いていたことに衝撃を受けました。これを機に、認知症の方の笑顔のためにチームとして認知症ケアに向き合っていきます。

西脇麻衣（にしわき・まい）　上記写真・前列中央右

認知症ケアプロジェクトを通じ、フェローの常識で物事を考えケアすることが利用者に悪影響を与

中川さん（64ページを参照）と齋藤フェロー

えることがあり、ストレスをかけていたことに気づくことができました。日々、言動・行動に注意し認知症の方が過ごしやすいよう、これからも研究を続けていきます。

長原正和（ながはら・まさかず）……174ページ写真・前列左

この認知症ケアメソッドの確立が、認知症の方だけでなく私たち介護者のストレスも取り除くことができたように思います。認知症の方だけでなく、その周りの人まで笑顔になるような認知症パラダイスの実現を目指していきます。

齋藤学（さいとう・さとる）……174ページ写真・前列右

さまざまな事例を検証する中で、これまでの私たちの支援は、私たちが勝手に当たり前と思っていた生活様式に近づけようとしていただけなのだと

ホームの庭で歓談する杉山さん（78ページを参照）と小林フェロー

気づきました。当たり前、常識という枠組みを外し、誰もが生きる力を見出せるケアを続けていきます。

小林悟（こばやし・さとし）……174ページ写真・後列左

認知症ケアプロジェクトを通じてこれまで行っていたケアを根本から見直し、コミュニケーションの工夫や関わり方を考え直すことができました。そして実践の結果、入居者の笑顔をはじめ、さまざまなよい変化を確認でき、ケアに自信が持てました。

向後育子（こうご・いくこ）……174ページ写真・前列中央左

ケアを振り返ることで、私たちが入居者の行動をいかに制限していたか。その多さに気づかされました。この行動制限をやめることで、険しい顔をしていた入居者の顔が明るくなり、ケアする私た

R&D発表会で研究成果を報告する西脇フェロー

ちも自然と笑顔になれています。

小野又亮（おのまた・りょう）……174ページ写真・後列右

安易な「その人らしさ」や「当たり前」「常識」というフレームの中で支援を行うことが、入居者の笑顔を奪ってしまっていました。これからは、このメソッドを駆使しながら支援の幅を広げ、入居者の笑顔を増やしていきます。

三木邦裕（みき・くにひろ）……174ページ写真・後列右より2番目

認知症ケアプロジェクトを通じて多くの気づきがありました。もっとも印象的だったことは、私たちがよかれと思って行っていたケアが、実はご利用者のストレスであったということです。改めて生きるということを支援する難しさや重要性を学びました。

社会福祉法人 福祥福祉会のご紹介

●法人理念

コミュニティケア

「自立・自由度の高い福祉で社会に貢献する」

【方針】

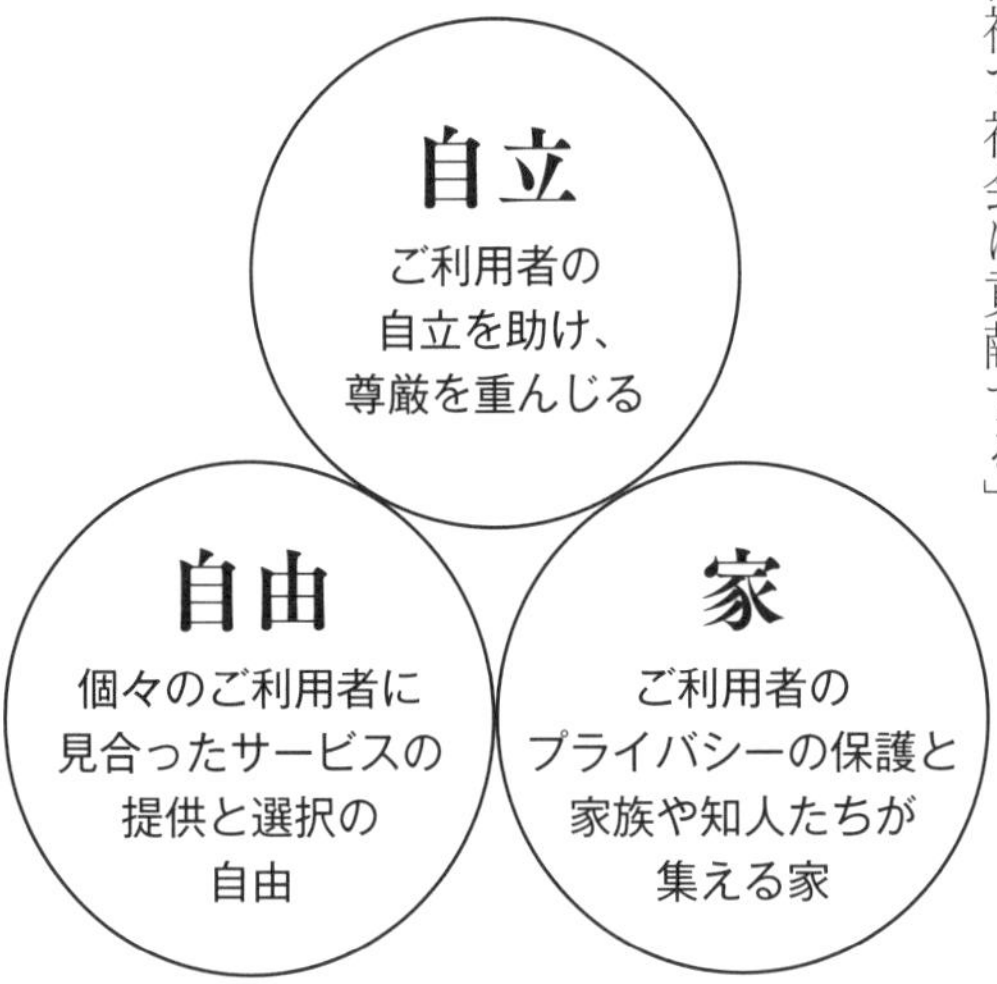
自立
ご利用者の
自立を助け、
尊厳を重んじる
自由
個々のご利用者に
見合ったサービスの
提供と選択の
自由
家
ご利用者の
プライバシーの保護と
家族や知人たちが
集える家

【コンセプト】

自立と自由の家

Home of Self-support and Freedom

●法人概要

名称：社会福祉法人 福祥福祉会（ふくしょうふくしかい）
所在地：大阪府豊中市北緑丘2丁目9番5号
TEL：06－6152－1233　FAX：06－6152－1211
設立：1998年3月30日

●事業内容

◎シニアサービス

特別養護老人ホーム豊泉家 北緑丘／アシステッドリビングホーム豊泉家 桃山台／介護型ケアハウス豊泉家 桃山台／介護型ケアハウス豊泉家 住之江／ショートステイ豊泉家 北緑丘／デイサービスセンター豊泉家 北緑丘／デイサービスセンター豊泉家 桃山台／デイサービスセンター豊泉家 住之江／ホームヘルプセンター豊泉家 豊中／ホームヘルプセンター豊泉家 住之江

◎チャレンジドサービス

豊泉家チャレンジドセンター豊中（生活介護・就労継続支援B型・短期入所）／豊泉家チャレンジドセンター箕面（生活介護・短期入所）／豊泉家チャレンジドセンター住之江（生活介護）／豊泉家チャレンジドセンター箕面わんろーり（児童発達支援・放課

後等デイサービス）／豊泉家チャレンジドホームＩＮＣＬ箕面（チャレンジド専用住居）
／ホームヘルプセンター豊泉家 豊中／ホームヘルプセンター豊泉家 住之江

◎**相談サービス**

ケアプランセンター豊泉家 豊中／ケアプランセンター豊泉家 豊中中央／ケアプランセンター豊泉家 住之江／新北島地域総合相談窓口／豊泉家チャレンジド相談支援センター豊中／豊泉家チャレンジド相談支援センター住之江

◎**予防サービス**

プリベンティブ・スタジオ豊泉家 桜塚

◎**医療サービス**

豊泉家クリニック桃山台

●豊泉家ヘルスケアグループ

一般財団法人 ＳＦ豊泉家

社会福祉法人 天森誠和会

天森養護老人ホーム

医療法人 成和会

ほうせんか病院（障がい者施設等一般病棟・医療療養病棟・緩和ケア病棟）

北大阪ほうせんか病院（一般病棟・回復期リハビリテーション病棟・医療型療養病棟）

医療法人 博友会

ほうせんかデンタルクリニック

NPO法人 SG博友会

豊泉家コミュニティクラブ

一般社団法人 日本棒サッカー協会

●お問い合わせ

豊泉家C・I・Sセンター※

TEL：0120－294－998（フクシのキュウキュウハ）

●ホームページ

http://www.housenka.com

※C・I・Sとは、Community-based all-Inclusive care Systemの略で、地域包括ケアシステム豊泉家モデルのこと。

認知症ケアの最前線からの気づきの一冊

東京都健康長寿医療センター理事長
（前・国立長寿医療研究センター理事長）
鳥羽研二

認知症ケアでは、認知症で苦しむ当事者の複数の視点を理解して、時に触れて雑談の中で情報を収集し、対応策を専門職種が得意分野を生かし、専門職を離れて人として自分ごとの困りごととして解決策を模索することが求められる。

私が班長を務めている発症前からエンドオブライフに至る認知症などの情報登録研究：オレンジレジストリのなかで、知恵の輪ネットや、構造化ケア登録など、認知症ケアの体系化は世界に類を見ない試みであり、これから挑んでいく領域である。

本書は長年のケアの中で見出した一つの出口の発見であり、一読すると認知症ケアの多様性に触れることができる。

ステロタイプのユマニチュードやパーソンセンタードケアなど輸入翻訳した本邦文化に根ざさない概念よりははるかに優れたメッセージがここにはある。

認知症イノベーション
一人ひとりの“パラダイス”を創造するケアメソッド

2020年10月2日　第1刷発行

著　者　阿久根賢一
発行者　長坂嘉昭
発行所　株式会社プレジデント社
〒102-8641
東京都千代田区平河町2-16-1 平河町森タワー13階
https://www.president.co.jp/　https://presidentstore.jp/
電話　編集03-3237-3733
販売 03-3237-3731
販　売　桂木栄一、高橋 徹、川井田美景、森田 巌、末吉秀樹

装　丁　鈴木美里
イラスト　菅沼遼平
校　正　株式会社ヴェリタ
制　作　関 結香
編　集　金久保 徹、桑原奈穂子

印刷・製本　大日本印刷株式会社

ISBN978-4-8334-5155-0
Printed in Japan